即学即用经管论文写作技巧与发表指引

张夏恒——著

浙江人民出版社

图书在版编目（CIP）数据

即学即用经管论文写作技巧与发表指引 / 张夏恒著
. — 杭州 : 浙江人民出版社, 2022.10
ISBN 978-7-213-10687-3

Ⅰ. ①即… Ⅱ. ①张… Ⅲ. ①经济管理—论文—写作
Ⅳ. ①F2

中国版本图书馆CIP数据核字（2022）第131880号

即学即用经管论文写作技巧与发表指引

张夏恒 著

出版发行：浙江人民出版社（杭州市体育场路 347 号 邮编：310006）
市场部电话：（0571）85061682 85176516
责任编辑：尚 婧
营销编辑：陈雯怡 赵 娜 陈芊如
责任校对：王欢燕
责任印务：刘彭年
封面设计：北极光工作室
电脑制版：北京之江文化传媒有限公司
印 刷：杭州宏雅印刷有限公司
开 本：710 毫米 ×1000 毫米 1/16 印 张：16
字 数：219 千字 插 页：2
版 次：2022 年 10 月第 1 版 印 次：2022 年 10 月第 1 次印刷
书 号：ISBN 978-7-213-10687-3
定 价：68.00 元

前言

我常戏称自己是一名“三无小白”，“三无”即无年龄优势、无人脉资源、无平台优势。同时，我又经历了国内学术环境的各种变化，深感高校青年教师、研究生面对论文写作的焦虑与无力。我是一个乐于分享的人，更希望且愿意将自己在学术论文写作经历中的体会、经验与观点分享给更多的“三无小白”们，以期能帮助与我一样的朋友们少走一些弯路，尽快提升论文写作水平，发表更多的论文。

作为一名“三无小白”科研人，我一切从零开始，用8年的时间进行科研摸索，用5年的时间开始论文写作知识的梳理，累计发表130多篇学术论文，年均发表16篇，其中SSCI、SCI、EI、CSSCI、CSCD、北大核心论文80余篇，《人大复印报刊资料》全文转载7篇，《高等学校文科学术文摘》转载1篇，《中国社会科学文摘》转载1篇。我不仅成为自己研究领域的核心成果最高产作者，发表的文章还被中国知网引用超过2600次，成长为相关研究领域的行业专家。我撰写的政府方案、咨政建议，多次获得地方省委、政协、副省级领导人、省商务厅等部门采纳或批示。同时我还是中国社会科学评价研究院（人文核心期刊）同行评议专家，《产业经济评论》《现代财经》

《新疆师范大学学报（哲学社会科学版）》《中国流通经济》《当代经济管理》《西部论坛》等30多家期刊的审稿专家，《长安大学学报（社会科学版）》青年编委、特邀编辑，《工信财经科技》期刊编辑。经过多年积累与沉淀，我不仅作为一名科研人员参与到学术论文写作中，更以审稿专家、期刊编辑的身份审阅、编辑过很多投稿论文。正因如此，我的多重身份帮助我更全面地了解与把握期刊对学术论文的要求，也让我更清楚科研人员学术论文写作与发表存在的短板与需求。

我31岁辞掉工作，全职读博。30多岁是一个不算年轻的年纪，也是一个比较尴尬的年纪。好在苦尽甘来，3年读博的时光转瞬即逝，我如愿成为同级中为数不多的“正常”毕业的人。3年苦读未白费，一经归来仍少年。读博期间，我发表了20多篇学术论文，完全符合博士毕业的条件。这些都归功于我每年坚持写、坚持投、坚持改。写作已成为我生活的一部分，也成了一种习惯，只是当时我尚未意识到，自己的积累、思考与经验能成为后续科研培训的基础与资本。

读博期间积累的成果，为我赢得了国家奖学金、陕西省省级优秀毕业生等荣誉，也成为自己找工作的资本，先后让我申请到了七八个高校的职位，既有省属高校，也有211高校，更有985高校。机缘巧合下我来到了西北政法大学。在34岁生日前，我终于圆了多年前的高校教师梦，正式走上讲台，开启了教书育人的职业生涯。作为一名大学教师，教学、科研和社会服务是工作的核心，然而，作为一名青年教师，职称又成为新的压力。好在我自己积累较多，加上勤奋刻苦，入职一年后顺利评上了副教授，3年后又以丰硕的成果破格参评正教授。

作为一名来自学术环境底层的高校青年教师，一路走来，“三无小白”的状态压得我喘不过气，但又没有更好的办法，只能靠自己的奋力拼搏，在科研进程中杀出一条血路。今非昔比，我们面临学术论文严重供过于求的局面。一些科研人找不到好的选题，拟不出好的题目；一些科研人搭建不好论文的框架与逻辑，稿件初审时就被“毙掉”；一些科研人的论文摘要、关键词、参考文献问题层出不穷，一篇篇论文被退稿；一些科研人论文可读性差，严重忽视阅读体验；一些科研人论文写好后，找不到对口的期刊，最后还是被退，浪费了太多的时间；一些科研人一年写不出一篇论文，只能羡慕那些年产量很高的同行；一些科研人缺乏时间管理意识，学术成果产出效率低；一些科研人写作与投稿没有方向，更没有方法，积累不了自己的学术社交网络。感恩科研道路众多帮助过我的人，也感谢自己成长道路上的诸多学术攻略与论坛经验，所以本人不藏私、全分享，毫无保留地将这些年的学术论文写作发表经验和技巧进行系统梳理，撰文成书。

本书一共设计了十章内容，涵盖学术论文的基础知识，论文选题、文献检索与阅读、标题与摘要的撰写、文献综述及综述型论文的撰写、论文修改及投稿经验等内容，采用庖丁解牛式的范例分析方法对一篇学术论文的选题、撰写、修改、投稿、发表进行详细解读与剖析。这本书还提出了一些方法与观点，如“论文发表三三三现象”“科研能力公式”“题目三级论”“论文四美原则”“好论文撰写公式”“论文修改三三三原则”等。我结合自己多年学术研究经验及学术论文教学、辅导与培训经验，毫无保留地阐述了学术论文写作与发表的技巧，这些技巧都是市面上很多同类书籍尚未提及，科研同行也不会主动介绍与分享的。

学术之苦，围城外的人无法体会，只有围城内的人深有感受。要么选择直接“躺平”，要么选择砥砺前行。我相信，有心人天不负。唯有自救，方能尽览无数风景。

张夏恒

目录

第三章　学会选题，写出的论文才不会成为一堆废纸

第四章　掌握这些内容，你的文献检索及阅读能力将极大提升

第五章　这些论文标题，会让编辑眼前一亮

第一章

高产"牛人"独家揭秘

无论是高校教师，还是在校博士生、硕士生，都需要具备一定的科研能力，获取学位、职称晋升、工作考核，都离不开学术论文发表。随着学术圈"内卷"趋势越发凸显，科研人员在核心期刊发表论文的难度越来越大。为了提升学术能力，增加核心期刊论文发表机会，科研人员不仅需要了解学术论文发表的规则，更需要掌握学术论文写作与发表的技巧，规避可能会遇到的一个又一个障碍。

01 为何你觉得核心论文越来越难发

“我的天哪！现在发表核心论文为何这么难啊？”相信很多研究生、高校及科研院所的科研人员群体对这句话都深有感触。他们写了一篇又一篇论文，投了一家又一家期刊，拒稿信却是收了一封又一封。核心论文发表难度越来越高，是由多重原因决定的，大家需要弄清楚这背后的原因究竟是什么。接下来，我为大家细说这些原因背后的道理。

一、核心期刊整体发文量逐年减少

我从2014年开始尝试学术论文写作发表，这几年深深地感到核心论文的发表越来越难，在2010年之前发表核心论文及CSSCI期刊论文还比较容易，甚至在2015年前也比2020年及2021年容易许多。有的人猜测是自己单位平台级别不够的缘故，有的人猜测可能是没有挂导师名字的原因，有的人甚至开始怀疑是自己的研究水平问题……难道科研人员的学术水平下降了？实际情况是2015年前博士毕业的群体，经过多年的学术积累与沉淀，学术水平应该比攻读博士及硕士时提升了不少。但是，现实的问题确实是他们想发表一篇核心及CSSCI期刊论文比当年难太多了。

2021年初，学术圈里流传了一张图与一段话，提到了“中文CSSCI期刊版面在2020年后持续缩减，比2019年减少了7624篇。”该结论依据中国知网统计资料，在2005—2010年期间，CSSCI期刊发文量（不含资讯类文献，如致谢、稿约、启事、勘误等）总体呈现出增长趋势，由2005年的104155篇增加到2010年的112934篇，年均增长率为1.64%。2010年后，CSSCI期刊发文量整体下降33.80%，需要引起注意的是，2018—2020年的CSSCI期刊发文量下降幅度明显，2018年下降幅度为4.99%，2019年下降幅度为3.70%，2020年下降幅度高达8.67%，是最近10年下降幅度最大的年份，比2019年减少了7624篇。

为证明以上论断，我对中国知网数据进行了检索与分析。根据中国知网期刊数据库 “CSSCI”来源类别的数据，我们发现2010—2020年CSSCI期刊发文情况与上述结论类似，整体呈现下降趋势，2020年比2010年减少了30865篇。（详见图1-1）

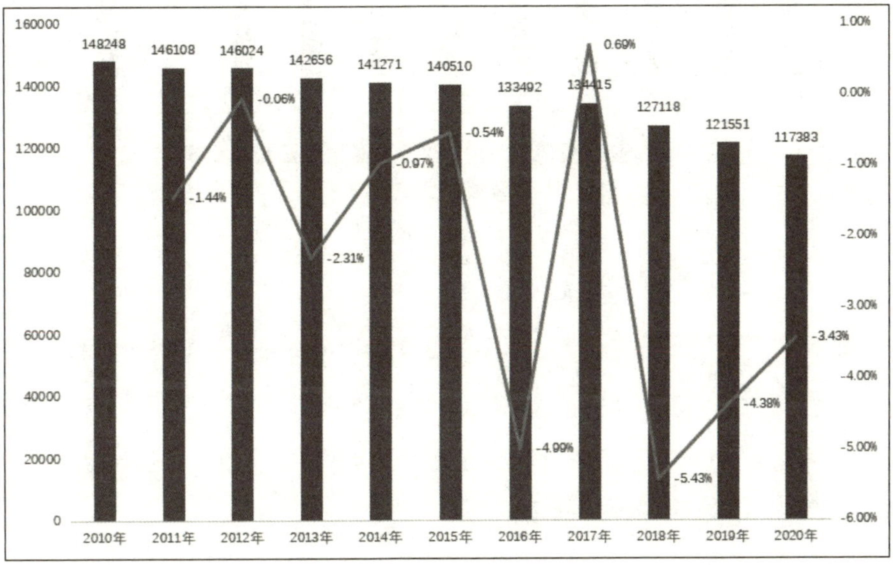

图1-1　C刊（含CSSCI扩展版）2010—2020年发文量及增幅情况
（发文量单位：篇）

采用上述同样的方法，我进入中国知网期刊数据库，针对“核心期刊”来源类别，也未剔除资讯类文献，整理出2010—2020年核心期刊发文情况，如图1-2。整体上看，2010—2020年核心期刊发文情况呈现出下降趋势，2020年比2010年减少了183520篇。

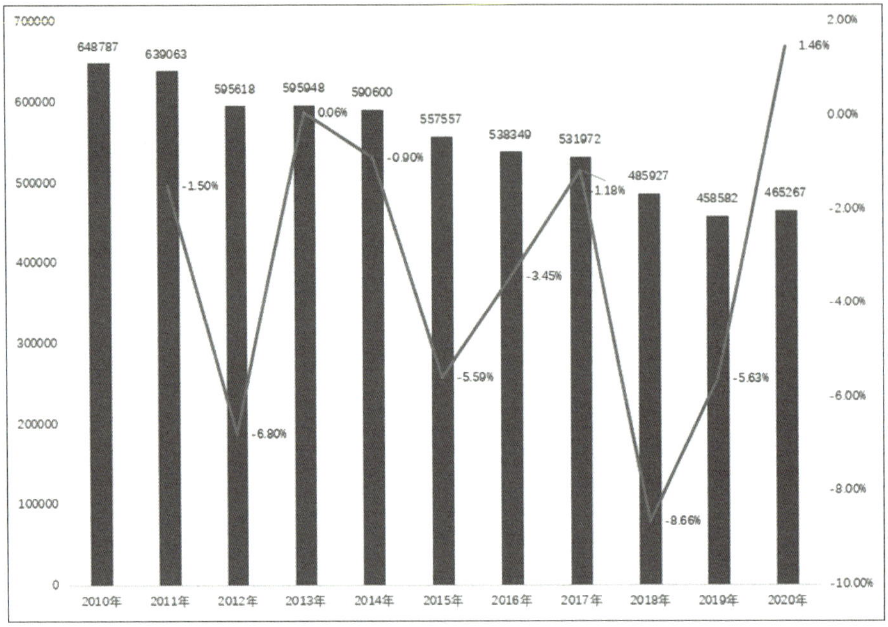

图1-2　核心期刊2010—2020年发文量及增幅情况
（发文量单位：篇）

二、核心期刊各学科发文量均在减少

根据“发表记”研究资料，2010—2019年间CSSCI共收录25个学科567本期刊的发文量（约105万篇论文）。各学科CSSCI期刊发文量均呈现下降状态，不同学科的CSSCI期刊发文减少量不同，如表1-1所示。这也印证了许多科研人员核心论文难发表的感受。

表1-1　2010—2019年间C刊分学科发文量增减比例

学科	发文量增减比例（%）	学科	发文量增减比例（%）
体育学	–43	法学	–22
政治学	–32	中国文学，外国文学	–21
图书馆、情报与文献学	–32	教育学	–19
经济学	–30	马克思主义理论	–17

续表

学科	发文量增减比例（%）	学科	发文量增减比例（%）
自然资源与环境	-30	管理学	-17
统计学	-28	语言学	-14
新闻学与传播学	-26	历史学	-10
民族学与文化学	-26	哲学	-8
社会学	-26	宗教学	-4
高校学报	-26	艺术学	-3
综合社科	-25	考古学	-1

CSSCI期刊论文越来越难发表是很多科研人员的真实感受，所有学科的CSSCI期刊刊文量都在不同程度下降，其中体育学，政治学，图书馆、情报与文献学、经济学，自然资源与环境等学科减少程度最高，这些学科的CSSCI期刊发文量减少幅度超过30%。不仅如此，各学科的CSSCI期刊发文量下降幅度与趋势也是超乎我们的想象，在567种CSSCI期刊中，大约有80%的期刊均呈现刊文量下降趋势，约有48%的CSSCI期刊刊文量降幅超20%，且少数刊文量上涨的期刊预计将很快出现下降趋势。这种态势是受到多种因素综合影响，以后这种情况会越来越严重。

三、核心论文越来越难发背后的原因大揭秘

近几年，我一直有着多重身份，包括科研人员、兼职编辑、审稿专家、科研培训从业者……又与圈内同行（作者与编辑）交流很多，还参加过多次编辑群体交流会议及内部碰头会。因此，我可以以多重身份的经历与视角，为大家解读一下核心论文越来越难发表现象背后的原因，其中一些原因属于“真心话大冒险”范畴，仅作为大家茶余饭后的谈资。

（一）“三三三”现象

我曾在多个场合多次提到，核心期刊录用与发表文章时存在一个有趣的现象，我将其总结为“三三三”现象。当然，这个“三三三”的比例也不完全精准，只是代表了近几年很多核心期刊在录用与发表文章时的一种倾向及趋势。我的预判是这种现象会越来越凸显。大家可以随机对中国知网上的核心期刊进行调研，大概率能证明我的观点与预判。

“三三三”现象代表核心期刊作者群体被细分为三类。第一类是约稿专家群体。这类群体一般是学术领域的权威、“大咖”或者有一些学术头衔的群体（如：院士、长江学者、杰出青年、优秀青年等）。第二类是核心期刊固定的作者群。包括博导、编委、学术支持单位、审稿专家等，这类群体多是与核心期刊形成了较为长久的刊作关系，已经成为每年常发文的作者群体；第三类是自由投稿群体。这类群体的人数比重最大，基本都被排斥在前两类群体之外，更多是硕士博士在读群体（其导师又非前两类群体）、青年教师群体。

“三三三”现象又代表上述每类群体发文量所占比重可以笼统地归为三成。在现行的学术氛围及学术评价系统下，不仅“三三三”现象会更加凸显，而且前两个细分作者群体发文量比重会越来越大，进而会导致第三个细分作者群体能发表论文的数量、空间、机会与概率被挤压得越来越小。例如，某C刊主编曾在《光明日报》披露，该刊物专家约稿量占年度发稿总数的90%以上。近年来，更多的期刊开始专题组稿、约稿，版面资源争夺进一步加剧。大家可以随机找出几本近两年的核心刊物，会发现其栏目中出现“特邀专稿”“专家组稿”“专栏组稿”等信息，这说明核心期刊留给作者自由投稿的空间越来越小。

（二）核心期刊版面垄断现象愈发严重

根据“发表记”的研究成果，我们来探讨一下“版面垄断”的现象，即：期刊发文来源地比较集中地分布于若干学术机构，期刊的多数版面由来自少数机构的论文占据。由于大多数C刊的主办单位都是高校、科研院所等学术机构，这些学术机构的科研人员也有发表论文的需求，他们的稿件似乎更可能被本单位刊物或系统内其他单位主办的刊物录用及发表。

“发表记”利用中国知网数据库，收集了567种CSSCI期刊在2017年1月1日至2019年12月31日间的论文刊发数据，重点对其版面的机构分布状况进行了统计分析，具体计算了第一大来源机构发文量在总发文量中的占比（简称“第一大机构占比”）、前五大来源机构发文总量在总发文量中的占比（简称“前五大机构占比”）两个指标，用以衡量该期刊版面被垄断情况，按照学科分类整体出相关数据，如表1-2所示。此外，“发表记”分析发现如下：

（1）C刊版面的机构分布呈明显的集中现象。2017—2019年C刊版面前五大机构占比均值超过30%，有64种C刊的前五大机构发文量占比超过其发文总量的50%；第一大机构占比为18%，有60种C刊的第一大机构占比超过其发文总量的30%。

（2）C刊版面的机构分布学科间差异显著。体育学、考古学、人文地理经济三个学科C刊的版面垄断程度较高，总发文量中前五大机构占比均值超过40%，最高占比为45.24%；统计学C刊的版面垄断特征最不明显。

（3）高校主办C刊的版面垄断特征十分突出。高校学报类C刊的前五大机构占比均值为45%，第一大机构占比均值为30%，分别超出全部期刊均值15%和12%。在第一大机构占比超过30%的60种期刊中，高校学报有34种，其他26种非学报类期刊的主办单位也多为高校。在前五大机构占比超过50%的64种期刊中，高校学报有22种。

（4）高校学报和综合社科C刊具有非常明显的“本地化”倾向。567种C刊中高校学报和综合社科类期刊共有118种，占比超过20%。综观这些期刊的发文前五大来源机构，除了中国人民大学、南京大学、北京师范大学等社科强校频繁出现以外，其他学校多为同城或同省高校。

表1-2　不同学科的第一大机构、前五大结构发文占比情况

学科	前五大机构占比	第一大机构占比	学科	前五大机构占比	第一大机构占比
体育学	45.24%	22.14%	历史学	30.85%	13.35%
考古学	44.34%	23.95%	语言学	29.25%	10.78%
人文经济－地理学	42.95%	15.89%	教育学	28.57%	11.23%
心理学	37.58%	11.92%	哲学	27.39%	10.38%
民族学与文化学	37.49%	17.75%	管理学	24.28%	7.27%
法学	33.79%	11.82%	综合社科	24.05%	8.65%
社会学	33.13%	13.09%	马克思主义理论	23.50%	10.12%
宗教学	32.85%	20.24%	外国、中国文学	21.92%	7.48%
图书馆、情报与文献学	32.58%	11.79%	艺术学	21.75%	11.30%
政治学	32.57%	14.11%	新闻学与传播学	21.09%	8.53%
经济学	32.37%	12.68%	统计学	15.87%	5.07%
自然资源与环境	30.94%	9.52%			

（三）核心期刊论文供需剪刀差的压力

核心刊物论文发文量在大幅减少已成事实，这意味着每年核心期刊论文的供给数量在减少，是造成核心期刊论文难发的供给层面的原因。如果只是供给层面减少也就罢了，但近年来，论文发表的需求量却在剧增，这就形成了核心期刊论文供需剪刀差，且这种剪刀差只会越来越大。这里我们从核心期刊论文需求层面来分析。

（1）核心期刊论文需求群体数量在增加。以2012年数据为例，全国拥有一级学科博士点的高校超过230余所，这还尚未包含非高校的科研机构每年都新增的博士点。据不完全数据显示，1994年全国招收研究生5.1万人，

2004年全国招收研究生32.6万人，而2014年全国硕士研究生招生规模达56万人，博士研究生招生规模达7.1万人。也就是说，近30年来，我国高校研究生的招生呈逐年递增趋势，累计数量庞大。中国科学院大学2017年共录取4723名博士生，北京大学、清华大学、浙江大学、武汉大学、吉林大学、上海交通大学、华中科技大学、复旦大学、中山大学、南京大学、四川大学、中国科学技术大学、哈尔滨工业大学等学校近几年每年博士生招生均超过千人。这些数据从侧面反映了我国科研人员数量逐年增长的趋势。那么，既然每年都有很多人加入科研大军，科研人员数量的增加势必导致学术成果发表需求增加。

（2）科研人员对核心期刊论文需求数量在增加。科研人员面临各种考核评价，比如学位获取、职称晋升、项目资助、优秀评选、结项考核……考核评价力度相较于前些年也都在大幅度提高。比如前些年博士毕业生学位论文授予条件是发表一篇CSSCI期刊论文即可，这些年有的高校将CSSCI期刊博士发表论文数量提高了一倍甚至多倍；有的高校甚至硕士研究生要想获得学位论文，也需要发核心期刊论文。另外，很多高校职称评审的条件也在大幅度提高。比如某高校2017年之前的副教授晋升准入门槛为5篇学术论文，其中一篇要求为核心论文；2017年职称改革后，晋升副教授需要发表核心论文5篇以上，其中CSSCI期刊论文需要两篇。这样一来，想成功晋升职称，同年晋升的科研人员就只能发表更多的核心期刊论文。还有一些高校出于学科评估、学校排名、学校声誉等因素的考量，提高了对学校科研群体的考核标准，进而刺激了他们对核心期刊论文需求量的增加。随着国家“破五唯”相关政策的出台，尤其伴随2020年后国内政策对SCI、SSCI等外文刊物的弱化，国内科研群体对中文核心期刊论文的需求就更加旺盛。

（四）评价体系让期刊群体感到很无奈

核心期刊都是评价机构采用一定的评价指标体系与标准进行筛选的，如北大核心是北京大学图书馆对学术期刊按照被引量、他引量、被摘率、影响因子、获奖或被重要的检索工具收录、基金论文比、web下载量等指标加以评定的；南大核心是南京大学中国社会科学评价研究中心根据若干指标对国内学术期刊加以评定，其中最重要的一项指标是影响因子，这也是南京大学中国社会科学评价研究中心在2016年度对南大核心期刊目录评价方法改革后的一大变化。南大核心评价指标的影响因子计算CSSCI两年他引影响因子，以2020年两年他引影响因子为例，该影响因子等于该刊物2018年与2019年发表的文章在2020年被其他CSSCI期刊引用的总次数除以该刊物这两年发表的文章数量之和。这意味某刊物如果想进入CSSCI期刊目录或者继续保留在CSSCI期刊目录里，只有两个办法，要么增加其他CSSCI期刊对该刊物的他引量，要么减少期刊发文量，也就是扩大分子及缩小分母。扩大分子的常用办法就是发表一些学术热点论文、约稿一些业内名家，这存在一定的难度且会受到其他因素的干扰；缩小分母则期刊自己就能控制，也是很多CSSCI期刊在这两年惯用的方法。由于CSSCI期刊每期页码数是固定的，想要变更页码数还需要上报国家主管部门审批，所以，CSSCI期刊纷纷增加单篇论文的字数，进而减少每期的发文量，这也是前面所提到的，核心期刊发文量减少的直接原因。

很多有些年纪的科研人员都能感觉到，10年前一篇CSSCI期刊大致8000字就够了，而现在基本都要在1万字以上，普遍到了1.2万字以上，甚至2万字以上的论文也很常见了。对于这个问题，我在与很多期刊编辑交流时，发现他们也很无奈，但又不能不采用这种方式给论文投稿设限，毕竟能否进入CSSCI期刊目录对于期刊和编辑而言差异实在太大。

（五）核心期刊被迫使用的一些“潜规则”

出于现行的评价体系、为提升自身影响力等因素的考虑，很多核心期刊对投稿作者的身份都有限制，不符合要求的投稿不会被录用，这些也成为业内不会被明确提及的“潜规则”，包括作者的学历、职称、平台级别、基金信息等。比如很多核心期刊会将硕士研究生学历、讲师以下职称、中等职业及高等职业院校教师的作者投稿的稿件直接在初审时拒稿；有的期刊会对一些民办院校、独立院校、非本科院校，甚至是非211及以上院校平台的作者稿件在初审时拒稿；有的期刊只接受教授职称、博士/博士后、211/985院校、省部级以上基金等作者身份的稿件。如图1–3，这是2020年在互联网流传的某核心期刊给投稿作者的退稿信，在信中提到“本刊目前只接收双一流高校的作者投稿”；再如图1–4，某核心期刊官网发布的“用稿五先”原则，明确提到优先录用“国家社会科学基金、教育部人文社会科学研究基金资助的项目成果论文”“作者具有博士学位、副高以上职称且独立署名的论文”。其实，这两个核心期刊都算是对作者高度负责，人家毕竟明确提出了对作者身份的限制，至少这样不会浪费其他作者的投稿时间与精力。很多核心期刊虽没有明确投稿条件，但是在实际审稿时却照此执行，这就是很多科研人员发现自己的论文与某些期刊已经发表的论文很类似，甚至质量还高于发表论文，但就是不停地被拒稿的原因。

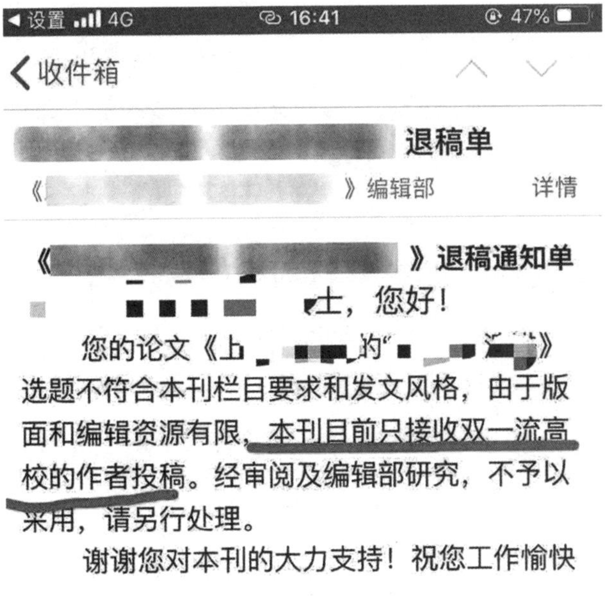

图1–3　某核心期刊的退稿信

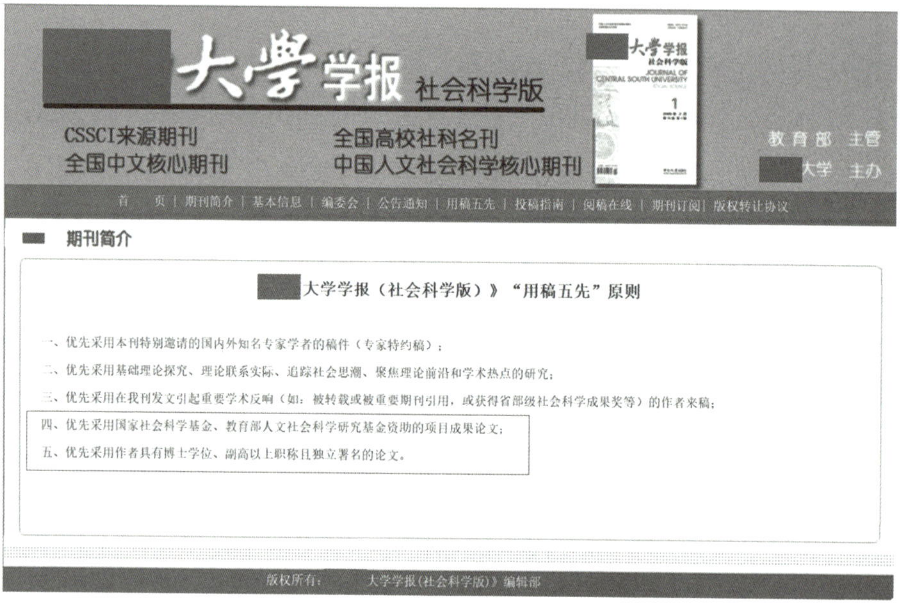

图1–4 某核心期刊官网发布的用稿原则

很长一段时期内，中文核心期刊论文只会越来越难发表，这是我们大家都需要直接、正面、客观去面对的现状，也是我们每个人无法改变的局面与事实。除非我们远离学术、远离核心论文发表，直接选择放弃。

那么既然无法改变环境，我们就只能从自身做出改变。如果我们继续为了毕业、职称晋升、工作考核等目标奔波和挣扎，除了平静地接受核心期刊论文越来越难发表的事实以外，我们还需要静下心来，努力去学习论文写作与发表知识，提升自己学术论文的质量，掌握学术论文写作与发表的技巧，避开学术论文写作与发表的陷阱，这样才能早日在核心期刊发表论文甚至连续不断地发表更多论文。

02 别让你不在意的论文常识成为学术之路上的绊脚石

学术论文之所以称为“学术论文”，一定有区别于其他形式的文章的地方。学术论文具备一些基本的写作要求与范式，也具有一些基本的写作常识，这些都是初学者或者尚未经过系统学习的人所不知道的。从这一节开始，我们将聚焦学术论文的基础知识与基本范式，帮大家夯实学术论文写作的基石。在此，我强调一点，我这些年发表的学术论文大多数属于经管方面，这也是我关注和擅长的学术领域，我的很多实际操作的经验都是从一篇篇经管论文中得来的。因此，在本书中，我对于学术论文写作与发表的所有方法、技巧、要点都倾向于经管领域。

一、学术论文的基本常识

（一）学术论文到底是什么

学术论文，也被称为科学论文、科研论文或研究论文。据《科学技术报告、学位论文和学术论文的编写格式》（GB/T7713–1987）所述，学术论文是某一学术课题在试验性、理论性或观测性上具有新的科学研究成果或创新见解和知识的科学记录；或是某种已知原理应用于实际中取得新进展的科学总结，用以提供学术会议上宣读、交流或讨论，或在学术刊物上发表；或作其他用途的书面文件。由此可见，学术论文并非对已有知识的重复，也不是对常识的罗列，是具有一定理论基础、专业见解和研究基础的文字表达，需要提出作者独特的观点、发现或见解。学术论文是对某个学科领域中某个问题进行系统的、专门的研究与分析，具有创新性研究结论的理论性论文。

（二）学术论文的五个特征

从学术论文的概念，我们可以知道，学术论文是不同于其他应用文体的，具有一些显著的特征，所以了解并掌握学术论文的特征是提升学术论文撰写能力、提高学术论文质量、发表核心期刊论文的重要基础。学术论文的特征集中体现在以下五点：

1. 科学性

科学性是学术论文的根本特征，也是审稿时判定该论文是否有发表价值的重要标准。学术论文的科学性具体体现在三个方面，即：①内容的科学性，学术论文的主题应符合实际、符合主客观事物的发展规律，内容真实准确，研究结论是依据事实与材料得出的；②结构与表述的科学性，论文需结构完整，论证过程严谨，用词得当；③结果的科学性，论文的结果需经得起推敲、检验与再论证，具有说服力与可信度。

2. 创新性

创新性是学术论文的本质特征，也是学术论文的核心价值所在。在对论文审稿时，判定论文是否具有一定的创新性是必选项，决定是否录用该篇论文也取决于论文的创新程度。学术论文的创新性表现在研究与写作的选题、材料、目的、结构、方法、结论各个方面。它可以是一个新的选题、新的研究视角、新的研究方法、新的研究理论、新的数据或模型或指标、新的论证逻辑、新的研究发现等。

3. 专业性

学术论文的内容应是相关学科专业系统的理论性知识，是直接关联学科的研究领域，还是学科交叉研究领域，都需要体现出一定的学科背景。学术论文区别于其他应用性文章的重要特征，就是它的专业知识、专业背景或专业领域，是作者对专业领域内某个具有学术价值的问题进行系统化、专门化研究的成果。这也反映在学术论文的读者主要是在某一专业领域、具有某一方面专长的科研人员上。

4. 规范性

学术论文无论是内容还是形式上都体现出规范性特征。规范性表现在三个方面，即：①学术论文结构体系与编写格式的规范性，除了学术论文编写格式的国家规范外，《中国学术期刊（光盘版）检索与评价数据规范》（CAJ-CDB/T1-1998）是现行主流的编写标准，也被3000多种中国期刊所采用；②语言文字、标点符号使用的规范性，学术论文的语言不同于其他类型的文章，需要使用准确、客观、简明、清晰、逻辑性强的科学语言，文字表述要求书面化、术语化，标点符号也必须符合规范；③图表、参考文献的规范性，学术论文中的图标、表格、图形的使用有严格的规定，参考文献则采用《信息与文献　参考文献著录规则》（GB/T7714-2015）。

5. 应用性

应用性是评价学术论文是否具有发表价值的另一个重要特征。学术论文不仅要求具有一定的学术价值，更需要体现一定的应用价值，即从实践角度解决了专业领域的某些实际问题，论文发表后在教学、科研、社会服务等方面需具有社会效益与经济效益。尤其在2020年后，国家倡导“将学术论文写在祖国大地上”，就是凸显出学术论文的应用性导向。经管类学术论文以前偏好复杂的模型与数理推导，得出的结果较为简单。但是《管理世界》2020年4月刊发的“编者按”——《亟须纠正学术研究和论文写作中的“数字化”“模型化”等不良倾向》则有纠正这类不良倾向的举措，也是在强调学术论文的应用性。

（三）学术论文的基本格式

一篇学术论文比较规范的格式包括：论文题目、摘要、关键词、正文、参考文献。每一部分都有各自的要求或常用的套路，具体信息将在后续章节详细介绍。

（1）论文题目：要求准确、简练、醒目、新颖。

（2）摘要：可视为论文正文的核心浓缩版，也是一个精简的“小小说”，是论文主要内容的摘录，要求短、精、完整，字数及写作范式有一定的要求，且不同刊物的要求也不同。

（3）关键词：从论文的标题和正文中选取出来的，对表述论文的中心内容有实质意义的词汇。

（4）论文正文：正文是论文的主体，应包括论点、论据、论证过程和结论。

（5）参考文献：论文写作时可参考或引证的主要文献资料，多数期刊的参考文献列于论文的末尾，当然不同刊物也有一些不同的要求与规定。

二、学术期刊的基本常识

（一）学术期刊的概念

根据我国《期刊出版管理规定》的规定，学术期刊是一种经过同行评审的期刊，发表在学术期刊上的文章通常涉及特定的学科。学术期刊展示了研究领域的成果并起到了公示的作用，其内容主要以原创研究、综述文章为主。学术期刊主要面对专业研究人员、教学人员、大学生和研究生等受过高等教育的读者群。学术期刊因其内容新颖、知识点密集、信息量大、能及时反映国内外先进的科学技术和学术动态而成为高校教学和科研活动的重要信息源。作为反映科技学术创新水平最前沿的平台，学术期刊又是展示学术研究成果的重要窗口，从某种意义上来说代表着一个国家、一个地区的学术水平。学术期刊是我国科学事业不可或缺的一环，更是国家新闻出版事业的重要组成部分，在传承文明、繁荣学术、发展文化、增强国家软实力方面发挥着不可替代的重要作用。2014年，我国新闻出版主管部门组织有关专家严格审定，确定了中国第一批由国家认定的学术期刊名单，共计5756种。2017年，又确定产生了全国第二批学术期刊名单，计712种。

（二）学术期刊的分类

学术期刊根据不同的特质有着不同的分类。从审批方式上划分，学术期刊分为非正式期刊与正式期刊。非正式期刊是指通过行政部门审核领取“内部报刊准印证”作为行业内部交流的期刊（一般只限行业内交流，不公开发行），但也是合法期刊的一种。一般正式期刊都经历过非正式期刊的过程。正式期刊由国家新闻主管部门在既定的数额内审批并编入“国内统一刊号”。正式期刊的办刊申请比较严格，办刊的单位必须具有一定的办刊实力，有独立的办刊方针。其中，国内统一刊号是“国内统一连续出版物号”的简称，即“CN号”，它是由国家新闻出版行政部门分配给连续出版物的代号；国际刊号是“国际标准连续出版物号”的简称，即“ISSN号”。我国大部分期刊都同时配有“CN号”和“ISSN号”。

以期刊重要程度划分，期刊分为核心期刊和非核心期刊两大类，其中核心期刊是由一定的遴选体系筛选而产生的，重要程度和权威性都高于非核心期刊，这部分内容我将在后面进行论述。

学术期刊除了可以按照上述期刊的分类划分以外，还可以根据检索库分类、学科分类等来划分。例如：①按照检索库分类，学术期刊可分为科技核心期刊、中文核心期刊、CSSCI、CSCD、人文核心等；②按照学科分类，学术期刊可分为哲学、语言学、文学、历史学、考古学、经济学、政治学、法学、社会学、民族学、新闻学与传播学、教育学、统计学、管理学，心理学等；③按照出版类别分类，学术期刊可分为综合性社科期刊、专业性人文期刊、高校综合性社科学报等。

在当下的学术环境中，核心期刊备受关注。为了各种考核评价，我国科研人员更青睐将学术成果发表在核心学术期刊上。

（三）核心期刊遴选体系

目前，我国核心期刊（或来源期刊）遴选体系种类繁多，从学术界通过对一些省份发布的职称改革文件、国内科研机构在成果认定方面的实施方法等初步调研得出的结果来看，国内核心期刊（或来源期刊）认可度较高的遴选体系有五类，即：南京大学中国社会科学研究评价中心的“中文社会科学引文索引（CSSCI）收录来源期刊”、中国科学院国家科学图书馆的“中国科学引文数据库（CSCD）来源期刊”、北京大学图书馆的“中文核心期刊要目总览”、中国社会科学院的“中国人文社会科学核心期刊要览”、中国科学技术信息研究所的“中国科技论文统计源期刊”。以上各体系分别隔一年（2016年是一个特殊过渡期）、两年、三年（2011年第六版前是四年）、四年遴选一次，推出新的版本，这也代表上述核心期刊的有效期分别是一年、两年、三年、四年。

当然，这些核心期刊数据库的更新有一定时滞性，如中文核心期刊要目总览（2014年版）本应在2015年1月1日前发布，实际在2015年9月才发布，2017年版直到2018年12月才发布；中文社会科学引文索引（2017—2018）收录来源期刊目录于2017年12月16日发布，除了2016年新旧版本的过渡期外，也延迟了近一年。除此之外，还有一些外文学术期刊仍备受关注，尤其以SSCI、SCI、EI、A&HCI这四类检索刊物更为重要，这也成为核心学术期刊需要关注的范畴。如图1–5所示，这是我国比较认可的核心类学术期刊，关于它们的具体介绍将在下文涉及。

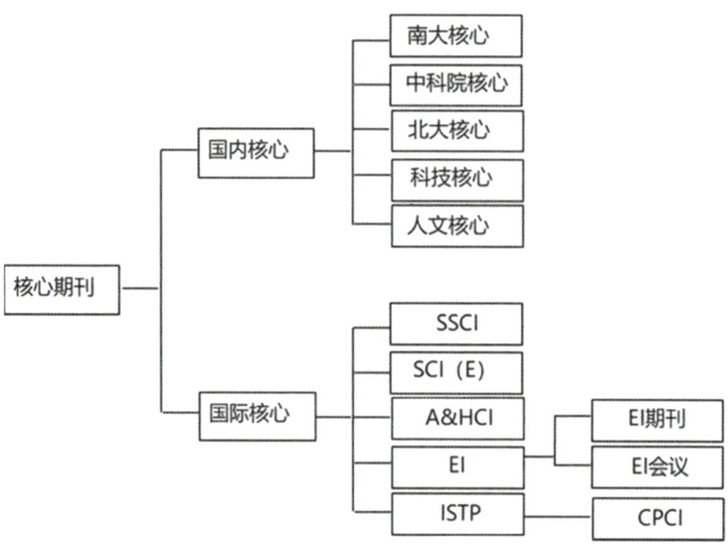

图1–5　核心期刊构成体系

（四）国内主流核心期刊类别

1. 南大核心

南大核心，即中文社会科学引文索引，英文全称为"Chinese Social Sciences Citation Index"，缩写为CSSCI，简称"C刊"。南大核心评价体系出自南京大学中国社会科学研究评价中心，每个版本会根据期刊质量的情况增删、调整。南大核心多是人文社科类期刊，从出版类别来看，包括各学科专业期刊、大学学报（综合类、专业类）和综合社科期刊三类。南大核心期刊目录分为三种，分别是CSSCI来源期刊、CSSCI来源集刊（以书代刊）、CSSCI扩展版期刊，目前是每两年更新一次目录。

2. 中科院核心

中国科学引文数据库（Chinese Science Citation Database）缩称"CSCD"，也简称"C刊"或"中科院核心"。中科院科学评价体系出自中国科学院文献情报中心，收录我国数学、物理、化学、天文学、地理学、生物学、农林科学、医药卫生、工程技术和环境科学等领域出版的中英文科技核心期刊和优秀期刊千余种。中科院核心包括核心库和扩展库两部分，每两年遴选一次。

3. 北大核心

"中文核心期刊要目总览"是由北京大学图书馆评定的核心期刊目录，缩称"中文核心"，又称"北大核心"或"北核"。北大核心的评定对象是国内的中文学术期刊，包括人文社科领域的期刊，同时也包括理、工、农、医等领域的期刊。最初几期每四年由北京大学图书馆评定一次并出版《北大核心期刊要目总览》。从2011年起，"北核"更改为每三年一评定，从1992年推出第一版《中文核心期刊要目总览》，1996年推出第二版、2000年推出第三版、2004年推出第四版、2008年推出第五版、2011年推出第六版、2015年推出第七版、2018年推出第八版、2021年推出第九版。其中，第七版一直推迟到2015年9月出版，第八版在2018年9月出版，第九版在2021年5月出版。

4. 科技核心

中国科学技术信息研究所发布的“中国科技论文统计源期刊”又称“中国科技核心期刊”，简称“科技核心”。评选范围主要涉及自然科学领域，是目前国内比较权威的科技统计源期刊目录，每年评估和调整一次。

5. 人文核心

中国人文社会科学核心期刊要览，简称“人文核心”，由中国社会科学评价研究院发布。人文核心面向我国人文社会科学的学术期刊，每四年由中国社会科学院评定一次并出版《中国人文社会科学核心期刊要览》。2018年11月16日，中国社会科学评价研究院在“第五届全国人文社科高峰论坛暨期刊评价会”上发布了《中国人文社科学期刊AMI综合评价报告（2018年）》。

上述五种核心期刊目录是我国国内认可度较高的评价体系，他们之间也有一些差异，如期刊范围不同、认可程度不同，具体如表1–3所示。在这五种核心期刊目录中，南大核心与人文核心主要面向人文社科，CSCD与科技核心面向自然科学，北大核心这两类方向都包括。从认可度看，CSSCI在国内的认可度最高，其次是CSCD，北大核心的认可度排在第三，而科技核心与人文核心的认可度居五大核心期刊的后两席。

表1–3　五类核心期刊目录一览表

类别	范围	认可度
CSSCI	人文社科	★★★★★
CSCD	自然科学	★★★★★
北大核心	综合类	★★★★
科技核心	自然科学	★★★
人文核心	人文社科	★★

注：★越多则代表认可度越高

三、论文发表的基本常识

（一）别再做“今天投稿当月发表”的白日梦

我们完成论文的写作后，都想着能早一点发表出来。但是，我们要接受一个现实，那就是论文投稿到期刊之后，期刊审稿有一定的周期，时间的长短因各期刊的规定各异。就我多年的投稿经历来看，有的一天就录用，但也有超过两年才录用的。根据《中华人民共和国著作权法》第35条，著作权人向期刊社投稿的，自稿件发出之日起30日内未收到期刊社通知决定刊登的，可以将同一作品向其他期刊社投稿，双方另有约定的除外。有的期刊会将其审稿周期控制在一个月，也有的会在4—6个月，甚至有的期刊会更久。当然，多数刊物在征稿启事或作者投稿协议上注明审稿周期为3个月，核心期刊的审稿周期要比普通刊物久一些。论文录用后，何时能见刊发表，也有一定的周期，时间同样各期刊各有规定，尤其核心期刊的发表时间会更久，主要因为他们不缺稿源，录用后沉淀积压的待刊稿件很多。有一件事大家要注意——很多期刊与中国知网签订了网络首发协议，论文录用经排版后会在知网首发，但这只是为了增加研究成果及一些话题传播的及时性。大家需要明确的是网络首发并非是正式出版，没有确定的期数及页码信息，绝大多数单位也不将其视为正式出版。这一点我们必须了解清楚，尤其一些科研人员为毕业或评职称，更需要提前谋划，早做准备，以免因为论文审稿及发表周期耽误了自己的大事。

（二）投稿难道要挑选“黄道吉日”

中国人在重要的时刻大都讲究仪式感，如婚丧嫁娶需要再三斟酌，挑选良辰吉日。作为科研群体的一分子，我们日夜不休、奋不停笔、反复修改方成稿的论文完成时，虽说不用焚香沐浴、斋戒三日以示虔诚，但选择什么时间将稿件投出去或许也是一门学问。国外一个名叫Marcel Ausloos的研究团队曾在《物理A：统计力学与应用》（*Physica A：Statistical Mechanics and its Applications*）期刊上发表了一篇关于投稿与拒稿时间的论文，他们的研究声称，论文被期刊拒稿的一部分原因很有可能是作者没有挑对投稿日子，如图1–6所示，他们提出神奇的“周二到周三”效应，即周三的论文投稿数最多，而周二投稿的论文接受率则最高；周末两天“投稿不宜”，如果作者不幸选择在周末投稿，那就撞到了枪口上——这两天的稿件拒绝率达到一周的顶峰。如果你真打算在周末投稿，那么周日那一天命中率会略高一些。

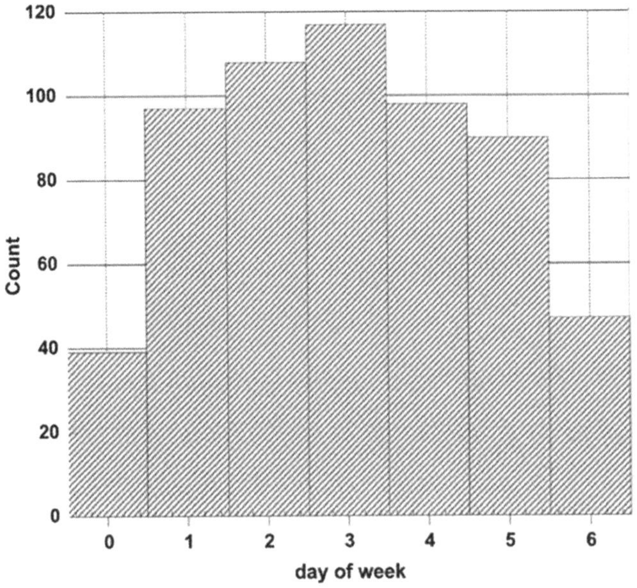

图1–6　一周里每一天投稿数量

不仅如此，论文投稿在一年之中还分淡旺季呢！《自然指数》（*Nature Index*）通过统计68种期刊2012—2017年的论文投稿情况发现：整个春天（从2月到5月），论文发表量普遍较少，属于发表论文的淡季，而每年的11月和次年的1月，论文发表量会迎来峰值。

从我个人的审稿经历来看，周末投稿及周一投稿相同情况下被拒稿的概率要略高，因为编辑周一刚上班时，会因为过周末而积压了较多的投稿论文，所以在初审时相对严格一些。放假前及收假前的投稿也会面临审稿周期变长、初审被拒概率变大的风险。这是因为编辑部到了假期的审稿速度会放慢，再加上假期科研人员有了集中的时间撰写论文，编辑们刚开始上班时也会积压较多的投稿论文，审稿负担变大必然增加初审过稿的难度。

03 我跳过的坑，你不能再跳了

我有时回忆起自己的成长经历，一路走来，虽在不断成长，但也跳过一个又一个“学术坑”。我是工作多年后才重回高校开始读博士，当时已经31岁，不仅面临经济的压力，还面临年龄的压力（35岁之前必须毕业才能进入高校当老师），更有来自学术积累的压力。不同于直博生和那些本科、硕士、博士一路读下来的同学们，多方压力下，我经常窝在一个兼职公司的办公室，闷头看论文、找选题、写论文、改论文、投稿，现在回想起真是一把辛酸泪。那时我不停地去人大经济论坛（现在改为人大经管之家）、小木虫等论坛以及很多期刊网站、学术交流QQ群等阅读、消化与积累学术经验，也不断地反思和总结自己的学术经历与教训。在这里，我将把自己这些年的经验毫无保留地分享给大家。

一、投稿前一定按照期刊要求调整论文

很多核心期刊都有自己的论文风格与要求，也会在期刊的征稿启事中明确提出。这就要求大家在投稿前，要根据期刊的要求修改与调整自己的论文，直到符合期刊的要求后再投出，以免遇到初审被退稿或者被编辑束之高阁不审稿的情况，这点一定要格外注意！我在进入学术之路的初期，就犯过很多这方面的错误，初审被退稿是常态。当我成为编辑及审稿专家时，才明白其中道理。如图1-7所示，该核心期刊要求：（1）投稿论文正文字数（不包括中英文摘要，不是字符数）为15000字左右；（2）不设副标题；（3）提供完整的信息；（4）复制比不得高于15%。如投稿论文不符合这些要求，肯

定不会被录用。

您好！您的稿件（[redacted]）选题较好，内容完整，结构合理，逻辑性较强，但与本刊风格略有差距，请您对照要求逐一修改：1.正文字数（不包括中英文摘要，不是指字符数）为15000字左右；2.本刊选题要求具有前瞻性和宏观视野，题目要大气，一般不设副标题；3.务必在文章中补全所有信息：作者简介、基金项目（有基金项目优先）、英文翻译（务必准确）、参考文献等需要在期刊上显示的内容；4.复制比不得高于15%；5.如有二审意见，请按照二审意见修改；6.请仔细检查论文的错别字及核实图表公式的正确性；如未按照我刊要求修改，您的文章将不被录取，即使已经通过二审，请务必认真修改。您亦可选择另投它刊。

[redacted]

兹驳回到您的“待修改”稿件中,请 按要求逐一完整、准确填写，我们将视修改情况决定是否重新送审。修改以后，请再登录我刊在线投稿系统及时返回修改稿，超期（10天）按照退稿处理，谢谢！

图1–7　某期刊对投稿论文的规定

再如图1–8所示，该刊物要求作者在投稿论文中留下联系电话，如果没有写明手机号码，则不予审稿。采用系统投稿时，作者在注册系统账号时一般会补充联系方式；采用邮箱投稿的，作者就容易忽略在论文后面注明自己的联系方式。相信很多期刊编辑也遇到过类似的情况，审了一篇稿子感觉需要与作者沟通时，竟然发现找不到作者的联系方式，只能弃用。

尊敬的作者：

您好！

来稿收悉，表示感谢！本刊将视稿件质量与我刊对应栏目聘请专家及时审稿，审稿期限一般为两周左右，请勿一稿多投。来稿如果没有留下联系电话的，请补充手机号码，否则我刊不予审稿。由于工作繁忙，请勿来电来邮询问稿件是否录用等事宜。如果稿件通过审稿，本刊会在第一时间主动与您联系；如果稿件需要修改，本刊将给您一次修改机会；如果稿件被退稿，本刊会及

图1–8　某期刊对投稿论文的要求

二、把握好退改时间，不能太快也不宜太慢

越来越多的刊物都在执行“三审三校”流程，每个审稿环节作者都会面临投稿论文退改的可能。无论是初审退改、二审退改还是终审退改，作者都需要格外珍惜，毕竟能退改就代表还有机会，比直接退稿要强太多。作者收到退改通知时，大部分情况下会被告知有多久的修改时间。如图1–7中的修改时间为10天，图1–9中的修改时间为20天。许多作者收到退改通知后心花怒放，想着赶紧修改返稿，这样能节省时间、加快审稿进度。我在前几年也是这样的心态，几乎是当天就修改完毕返回修改稿，结果有一次直接就被退

稿了，还被编辑质疑修改得不充分。作者迫切的心情是能理解的，但是我们换位思考一下，就能想通了，返回修改稿不能太早，也不能太晚。修改稿返回得太早，会留给编辑一种修改不充分、态度不端正、修改不完整、修改效果不佳的印象；如果修改稿返回得太晚，也会耽误期刊的审稿时间与进度，甚至超过了修改时间，最终会被退稿。如图1–9所示，超过了20天的修改时间，编辑没收到修改意见与稿件，就直接退稿了。

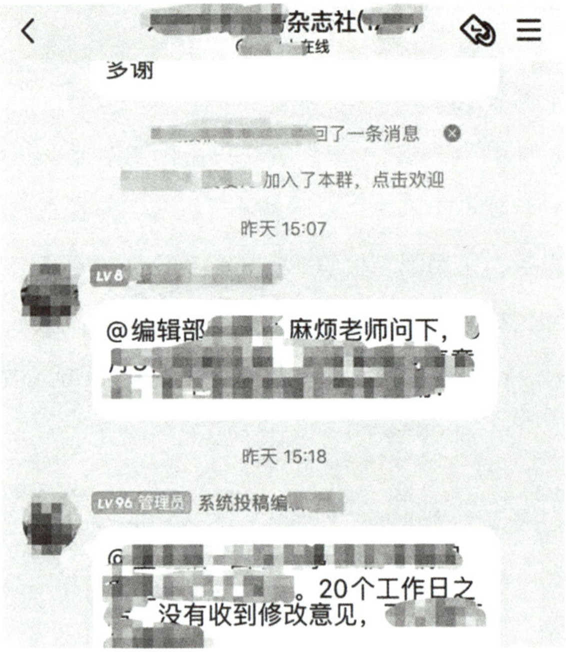

图1–9　某刊物因没按时收到修改稿而退稿

三、即便编辑水平再差，一定记住不能怼编辑

在投稿过程中，作者无法避免与编辑交流，尤其涉及论文修改时，与编辑沟通的概率会更高。我曾有一个很惨痛的教训：即便感觉修改意见再苛刻，甚至很不留情面，我们在和编辑沟通时也要保持礼节上的尊重和理智，切记不能指责编辑，否则后果就是被退稿。如图1–10，我有一篇投稿论文在某家期刊已经排版，编辑又感觉有一些问题（一位即将退休的老编辑），提

了一些疑问与修改意见。我看到后觉得这些意见不是很客观和妥当，当时就把自己的想法回复给了这位编辑，可能言辞上激烈了一些。那天恰逢我赶赴外地开会，离家去机场，过安检，登机，飞机升空，根本没有时间和条件再看手机，结果飞机刚落地，打开邮箱就收到这位编辑发来的五六封邮件，最后一封是明显带着情绪的“怎么不答复了”。显然，他认为我不尊重他而且不想沟通。对此，我很无奈，也预感到了论文的结局——被退稿了。

图1-10　我与编辑的邮件沟通截图

04 一个“三无小白”如何一步步成长为领域第一

2013年，我开始攻读博士学位，当时可以说是一个标准的“三无小白”，这一点上，我与很多人都相同。我一路走来，很多时候都是自己在摸索，后来遇到一些科研道路上的小伙伴，收获了很多友谊和经验。如图1-11所示，在2016年博士三年级的时候，我顺利拿到了博士学位，读博期间我发表的论文篇数足够三个博士毕业，也拿到了国家级奖项，并获得了到多所高校的工作机会。此外，我还在博士期间积累了几篇可以用于评职称的论文成果。进入高校仅一年，我便评上了副教授职称。2018年我进入博士后流动站，2020年按时顺利出站，同年获得破格参评教授的机会，论文成果在参评组排名第一。

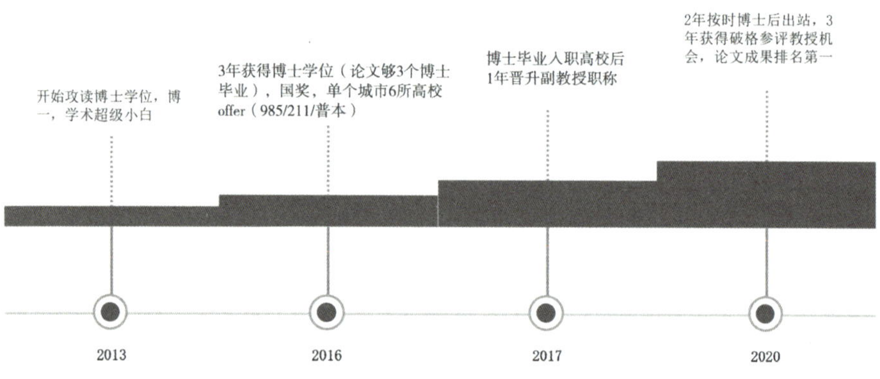

图1-11　我的科研成长之路

我还是“老踏科研联盟联合”合伙人，“老踏科研联盟私训营”联合创始人、主讲人，荔枝微课系列畅销学术课程主讲人（“Rain谈科研：迭代

4种能力，给你一套科研逆袭新算法”“中文社科学术论文写作全景解读27课”“给你不一样的中外学术期刊科普”）。

作为一个“三无小白”，我完全是通过自己的努力与学习，快速成长为所在研究领域的优秀研究者之一及核心论文高产作者。每个人都会遇到一些弯道，这些弯道常是社会进程中的某些变化或人生道路上的一些关键点。当处于弯道阶段，你会发现它充满各种变化的因素，极富风险和挑战，又充满了超越对手、超越自我的种种机遇。抓住这个机会，我们就能蜕变，就能实现人生的弯道超车。弯道超车重点在于自我超越，不少人处于弯道时，会很迷茫，甚至会失去自信。当处于这种状态时，我们一定要三问自己：“我是谁，我想成为谁，我如何成为那个谁？”

我们要明确自己当下的状态：是正在努力毕业？还是处于艰难的评职称阶段？不管是为了毕业，还是为了职称，我们都需要做科研。科研的道路很艰辛，所以我们每个人都很不容易。在此我想分享一个关于科研能力的公式给大家，如图1–12所示，即：科研能力=态度+方法+技巧。其中的方法与技巧我会毫无保留地告诉大家；态度方面，我也会给大家分享一些经验，但是这些经验只能起到三成效用，剩下的七成就需要大家自身的努力。

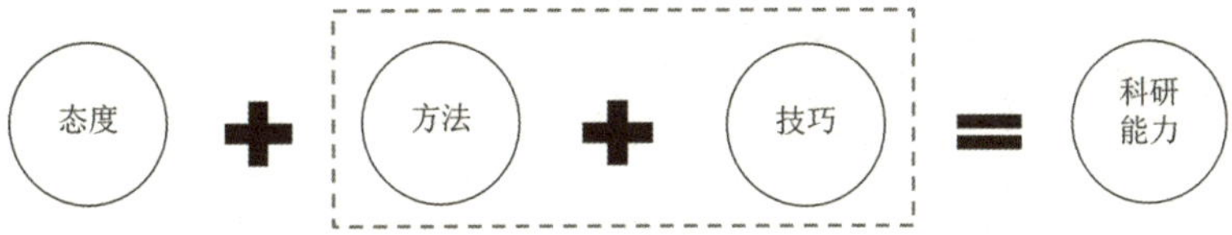

图1–12　科研能力公式

无论研究生毕业，还是科研人员的学术研究道路，都无法脱离论文写作与科研能力积累。在这本书里，我会用我的经历、经验与思考，解读如何从一个零基础、零关系、零资源的初级科研人员，一步步成长为论文高产作者。

第二章

审稿专家与编辑眼中的论文“秘籍”

学术论文不仅要以研究为前提，通过一定的科学方法，针对某个问题，提出一些创新观点，还有一定的内在逻辑与标准范式。从我近几年编审稿件的经历来看，期刊所收的稿件有超过半数根本不能称为学术论文。这类稿件大多属于一般的研究体会或经验分享，还有一部分缺乏学术论文的规范性，多是初入科研圈的新人与一些缺乏规范性学术培养的作者所写。众所周知，学术期刊尤其是核心期刊根本不缺稿件。但从另一方面来说，期刊和编辑缺乏的是高质量、高阅读美感的学术论文。在本章里，我将从编辑与审稿专家的视角，为大家解读学术论文的基本类型、范式。

01 审稿专家与编辑告诉你论文都有哪些种类

学术论文大致可以分为研究型论文、应用型论文、综述型论文三大类。虽然它们都是遵循学术论文的基本范式所撰写的，但是不同类型的学术论文又各有特点。通过这一节的学习，大家可以掌握学术论文的基本类型，了解不同类型的学术论文都有哪些要求与范式，并找出适合自己的类型。

一、不同类型学术论文的含义

（一）研究型论文

所谓研究型论文，即多基于作者本人观点的原创性学术研究成果。作者通过梳理、分析与总结同类选题或话题相关的国内外研究现状、趋势、问题及局限，以此为基础提出自己独特的创新性理论、观点、方法或技术手段。同时，作者依据可靠的科学研究方法包括实验法、调研法、数据分析法对所提出的理论、观点、方法或技术手段进行检验，对研究结果与发现进行介绍与分析，对研究结果与已有的研究成果进行比较分析，其中也包括对研究中存在的问题和后续的研究方向进行分析。

（二）应用型论文

所谓应用型论文，多是依据作者本人的工作实践，通过采用新政策、新视角、新方法、新技术或新工具等来实现新服务、新功能。这一类学术论文要求在应用层面具有一定的新颖性与贡献价值，而不只是对政策、视角、方法、技术或工具的简单描述，重复性介绍一些公知公用的成熟应用。这类论文还需要对已有的应用实例做介绍与分析，不能只停留在设想或方案等层面。

（三）综述型论文

所谓综述型论文，是对某方面主题或话题通过收集大量文献资料，进行综合分析后撰写的一种学术论文。综述型论文多是通过对当前某一领域或某一主题与话题的综合分析来反映或提出其新进展、新动态、新趋势、新原理、新技术或新学术观点等。

在上述三类论文的基础上，我们还可以继续细分。

首先，研究型论文根据论文内容可以分为实验研究、调查研究、案例研究、数理实证研究。实验研究的主要特点是作者提出独特的创新性理论、观点、方法或技术，通过可靠的科学实验加以验证。调查研究更多表现为问卷调研，其主要特点是选择代表性样本进行问卷调查、深度访谈、座谈会等，通过调查获取相关的数据，并对数据进行分析。案例研究法包括经典个案研究、案例对比研究。其中，个案研究的主要特点是通过选择典型的样本或案例，分析其背后折射出的逻辑、状态、程度或趋势等；对比研究则是对两个或多个案例进行比较分析。数理实证研究是收集观察资料，为提出理论假设或检验理论假设而展开的研究，多通过构建模型、数理推导等形式完成。

其次，应用型论文根据论文内容可以分为技术实现与服务实现两类，应用型论文又多存在于理工科领域或者科技领域，也可以存在于一些交叉领域。其中，技术实现多指将一些新颖或重要的技术方法应用到现实领域，应用过程中对技术方法、流程、关键环节、环境及条件进行管理与控制机制的创新；服务实现是强调将一些新颖的或重要的服务模式应用到现实环境中，应用过程中对服务模式、方法或管理机制进行创新或提炼。

最后，综述型论文可以分为系统描述型综述和文献计量分析型综述。其中，系统描述型综述是依据所整理的文献与资料，通过全面深入与结构化对一个主题领域的发展现状、趋势、重要研究问题及其可能的方向等进行分析；文献计量分析型综述是通过文献计量方法分析与揭示相关学科或主题的结构、趋势、演变关系等。从发表难度来说，综述型论文被期刊尤其是核心期刊接受的难度越来越高。

从另外一个视角来看，依据研究范式可以将学术论文分为定量研究型论文与定性研究型论文。定量研究与定性研究是社会科学领域两种常规的研究范式，两者在研究目标、对象及方法上都存在着明显的区别。从经济学与管理学领域来看，过去十几年很多核心期刊越来越偏好定量研究型论文，尤其是通过一些复杂的模型、算式、推导过程等进行撰写的学术论文，这也使国内学术研究出现了一个比较奇怪的现象，即用复杂的定量研究只展现出相对简单的研究结果，实际的研究贡献却不多。

学术论文还可以按照其他几个维度来进行划分，比如就期刊论文属性而言，大体又可以分为这四类：（1）基础研究型论文；（2）应用对策型论文；（3）理论观点型论文；（4）主题综述型论文。

基础研究型论文，以作者本人为主进行的原创性研究，是在分析总结国内外同类研究现状、趋势与问题或局限的基础上，提出自己独有的创新性理论、观点、方法或技术，通过可靠的科学研究方法，包括实验方法、调查方法、数据分析方法等，对所提出的观点或方法或技术进行验证，对研究结果进行介绍或分析，对研究结果与前人或别人的结果进行对比，并对研究中存在的问题及今后的研究方向进行总结。

应用对策型论文，通过采用某些新政策、新方法、新技术或新工具等实现某项新服务或新功能或新能力。这类论文要求“应用”本身具有一定的新颖性，不应是对这些政策、工具、方法等的简单描述，或者重复介绍一些公知公用的成熟应用。

理论观点型论文，对某方面专题收集大量文献资料后经综合分析而写成的一种学术论文，用于反映当前某一领域中某分支学科或重要专题最新的进展、动态、趋势及一些新原理和新技术、新学术见解等。

主题综述性论文，作者关于某个主题已有研究现状的梳理，是基于已有发表文献或资料采集范围，阐述该主题的研究现状、脉络，也包括后续的研究展望。

这四类又以前两类为主，也是大家常写的论文类型。能写理论观点型论文的基本都是名家了，也多是约稿。主题综述型论文，除非观点新颖、研究主题新颖，或者是必须完成的任务，否则不建议大家写，因为很难发表。

如果按照研究方法来划分，论文可以分为：（1）定性研究型论文（论述型、文字型）；（2）定量研究型论文（模型类、推导类）；（3）案例研究型论文（大样本、代表性样本、个案）。不同期刊要求的论文类型不同，不过定量研究型论文相对容易发表，这与现在国内学术研究进入一个怪圈有关，就是模型越复杂、实证越看不懂，论文越好发表。所以，我强烈建议大家最好熟练一种定量研究方法或者计量分析软件。

二、不同类型学术论文结构与要求

（一）实验研究型论文

实验研究型论文常规的论文结构包括引言、研究现状（研究综述）、研究思路与框架、实验过程、实验结果、结论等。当然每类论文都需要有摘要、关键词、参考文献，此处就不再重复，只强调各类学术论文的主体结构。

从内容要求来看，在引言部分，我们需要说明研究背景，明确研究问题，简要说明研究方法，提炼出论文的创新点或研究意义。这些内容要求是主要的设计内容，但并非每一篇论文或每一个研究主题都必须包含这些内容，也会存在不同期刊要求不同的情况。

在研究现状（研究综述）部分，我们需要系统、精练地描述论文所研究的问题在国内外的研究现状，要体现出论文作者对研究问题所涉及领域的充分了解和把握，覆盖直接相关的原始、权威和最新研究成果，客观总结出前人及他人的研究成果，归纳提炼当前这些研究成果的局限性，进而引出作者所撰写的论文的必要性与研究价值。

在研究思路与框架部分，我们需要分别说明研究的理论思路、提出的新方法新技术、进行实验验证的技术实施框架。这一部分主要突出论文研究所依托的理论基础、所采用的研究方法等；在实验过程部分，我们需要说明论文具体的实验数据、实验系统环境、实验效果测试方法、实验实施过程；在实验结果部分，需要说明论文的基本原始结果、关键结果及结果分析与验证等；在结论部分，需要包括研究结论、可能误差、下一步工作等内容。

这类论文在撰写时可能会存在如下一些问题，很容易被作者忽略。包括：（1）问题描述过于宏观，容易导致作者无法明晰论文具体要解决什么问题和解决到哪种程度；（2）忽视已有研究文献或研究现状，容易导致作者无法准确地判断论文研究内容是否具有创新性；（3）论文研究所需的实验过程或者实验数据不完整，容易导致实验过程的可信度受到质疑；（4）实验结果不完整或者偏好给出一些积极性的结果；（5）实验存在较为严重的误差或者误差没能得到有效控制；（6）缺少与同类研究的客观性的比较分析；（7）研究结论或者评价超出了论文论证的范围。

（二）问卷调查型论文

问卷调查型论文常规的论文结构包括引言、研究现状（文献综述）、调查设计、调查实施过程、调查结果分析、结论。

引言、研究现状（文献综述）及结论部分的内容要求方面与实验研究型论文类似。在调查设计方面，重点介绍论文的调查思路、调查问题集（建议以附件方式）、调查实施框架（调查范围、抽样方法、抽样结果及样本群）等内容。在调查实施过程方面，需要介绍调查过程和问卷回收率，回收率对问卷/问题/分析方法的影响等内容。在调查结果分析方面，需要包括对调查结果的基本描述，对重点调查结果的深度分析和统计验证，对重点调查结果的对照关联分析及必要的统计验证等。

这类论文在撰写时可能会存在如下一些问题，包括：（1）作者对研究问题描述不清楚不具体，比如该研究具体要调查什么现象、行为；（2）

有效样本量太少，调查问题与调查方法不匹配；（3）论文缺乏统计验证；（4）论文错把关联关系当作因果关系，不恰当地推广调查结果；（5）论文在抽样、调查工具和调查过程中存在较多误差；（6）论文的研究结论缺乏数据支持或缺乏数据的一致支持。

（三）案例研究型论文

如前文所述，案例研究型论文又包括经典个案研究与案例对比研究，这两类论文的基础结构与各部分主要研究内容如表2-1所示。在论文基本结构方面，案例研究型论文主要包括引言、研究现状（文献综述）、案例研究设计、研究结果与研究结论。

表2-1　案例研究型论文结构与内容要求

基本结构	经典个案研究	案例对比研究
引言	提出研究问题，说明为什么采取典型个案研究方法	提出研究问题，并说明为什么要采取案例对比研究方法
研究现状	说明研究问题所涉及领域的研究与实践现状	说明研究问题所涉及领域的研究与实践现状
案例研究设计	说明个案研究环境，所涉及复杂现象的多个方面，所需的证据链中的各类数据及收集和处理这些证据的流程和方法	阐述各个个案环境、在各个个案环境采用的数据及其收集方法、处理数据的流程与方式
研究结果	分析收集到的各个证据集，对多重证据的一致性进行分析	分析各个证据集，注意不同个案环境中收集到的多个证据集的一致性分析、对比分析
研究结论	总结个案研究证据链提供的结论，对比相似研究，提出普适的研究结论，分析下一步研究	总结多个个案对比的总体结论，提出普适的研究结论，分析下一步研究

（四）应用型论文

应用型论文包括技术实现型与服务实现型，这两类论文的基本结构相似，包括引言、应用现状（文献综述）、需求及研究思路、实现方案、应用效果评估、结论等部分。

在需求及研究思路的内容方面，该类论文重点分析用户需求；明确应用环境，即用户环境、系统环境、服务与管理环境；简要阐述作者拟采用的技术思路及技术方法。在实现方案的内容方面，论文需要描述设计方案、分析要解决的要点、难点，作者为解决这些要点、难点在方法、机制和流程上的创新、修改或集成以及具体的实施过程，包括所依据的数据、系统、机制等。在应用效果评估的内容方面，论文需要明确通过具体技术、服务或管理的应用数据指标来说明应用效果；提供与之前的应用数据指标的对比，说明所采用的新技术、新方法、新机制等的先进性。

这类论文在撰写时可能会存在如下一些问题，包括：（1）忽略了实现方案的阐述，实现方案是论文的主要部分，可适当再分为内容上有区别、体量上比较一致的若干部分；（2）容易赘述公知公用的知识，可以通过参考文献提供知识来源；（3）过度介绍技术过程，可以采用过程说明方式阐述技术问题，避免过于细致的技术过程介绍；（4）缺少或忽略指标来源或指标的测度方式，论文应尽可能用客观产生或第三方的指标数据。

（五）系统描述型综述论文

系统描述型综述论文的基本结构包括引言、文献范围、概述主体与结论。在引言部分的内容架构上，该类论文需要综述所覆盖的研究主题和时间阶段，评述该主题的意义，总结他人针对同一主题所做的综述及其结论；在文献范围的内容架构上，需要提出所依据的文献的检索方式、检索数据库、时间和地域范围，检索和获得的文献集（包括其子主题、时间、地域及语种分布），选择用以评述的文献的标准等；在概述主体的内容架构上，针对所检索到的文献进行结构化分析，无固定格式，可以按照时间顺序、地域顺序、某个理论架构、主题或问题分类、某个争议或辩论等来组织内容结构；对文献进行研究成果的内容、意义与影响分析时，可以针对如下几点进行，包括：（1）各个子主题、子问题的研究布局；（2）重要新理论、新方法或新技术；（3）对已有理论、方法或技术的重要修正或扩展；（4）与其他领域的理论、方法或技术的重要交叉融合；（5）对其他合适的内容进行要点分析。最后，在以上分析都有结论的基础上，总结提出该主题或问题领域的研究进展，对比前人综述，提出该综述反映的新结果，指出可能存在的局限与误差及需要进一步研究的新问题、新方向或新方法。

这类论文在撰写时可能会存在如下一些问题，包括：（1）文献检索的内容和范围与主题及阶段不一致；（2）检索过于粗糙，难以在内容、时间和地域等细节上覆盖研究主题；（3）文献遴选标准不清楚，未选择权威原始文献，遗漏代表性文献和不利文献，用少量文献代替整个领域；（4）简单停留在谁写了什么，没有给出研究结果的实质创新性内容，未深入说明其意义和影响；（5）评述研究成果时准确性、客观性不足；（6）结论停留在简单分布描述，缺乏对领域发展趋势和演变规律的分析总结或相关分析不支持总结性结论。

（六）文献计量分析型综述论文

文献计量分析型综述论文的基本结构包括引言、研究现状、计量分析设计、计量分析与结论等部分。在问题的内容架构上，论文需要说明计量分析针对的具体问题及意义，布局结构，发展趋势，融汇、分化、突变等演变趋势或者合作竞争结构及隐性关联结构；在研究现状的内容架构上，论文需要简要总结已有的针对同一问题的综述和计量分析，由此进一步说明自己研究的意义；在计量分析设计的内容架构上，论文需要说明计量分析的具体方法、参数、工具和流程，所依据的数据源及其获取工具与方式，数据清洗方法、工具与过程，结构可视化表现的方法、工具、参数；在计量分析的内容架构上，需要说明计量分析的参数设置、执行过程和针对分析中的难点疑点所采取的措施，呈现计量分析结果（多用图表表示），对关键内容的进一步分析与解读；最后在结论上，论文需要提出总体研究结论，对比他人综述与计量分析，提出本计量分析反映的新结果、存在的局限与误差、进一步研究的新问题。

这类论文在撰写时可能会存在如下一些问题，包括：（1）数据源、计量指标、分析方法与分析目标和内容不一致；（2）缺乏可靠的数据清洗方法和过程；（3）没有给出所采用方法、工具的权威来源信息，从计量方法、数据到结果图表的证据链不清楚；（4）多个图表表达的结论之间不匹配；（5）采用的图表表达方式不能清晰表现研究所解释的结构或趋势等；（6）停留在统计数据和图表上，缺乏对关键内容的深入分析与解读。

02　手把手教你几类常用论文“套路”

无论是定性研究类论文，还是定量研究类论文，抑或是前面介绍的几类学术论文，通过分析论文结构，我发现并总结了几种常用的论文写作范式，以供大家模仿与参考。尤其是初涉论文的朋友们，可以先从模仿一篇好的论文框架结构开始撰写自己的第一篇学术论文。

一、“三段论”式论文

“三段论”是指以“现状、问题与对策”以及类似的框架结构构成的学术论文形式。这里更加强调围绕论文主题进行发展现状、存在的问题以及提出的应对措施或建议等主要内容的阐述。图2-1展示了在中国知网中检索“三段论”论文常见的几类篇名示例。

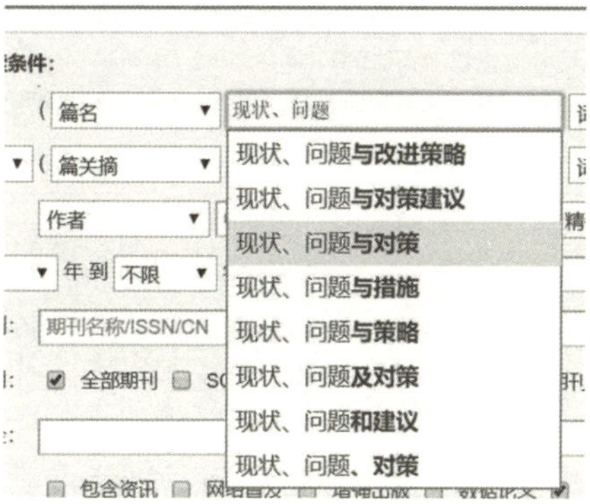

图2-1　“三段论”知网检索示例

我随机从中国知网中给大家举一个例子——李忠林和崔树义发表在《东岳论丛》的《我国农村低保的现状、问题与对策》，该篇论文的一级标题为：

一、现状与成效。

二、当前农村低保运行中存在的问题。

三、完善农村低保制度的对策建议。

由上可知，这类论文就是标准的“三段论”式论文，也是很多人习惯采用的论文形式。这类论文的撰写要求作者对所选论文主题非常熟悉，具有较高的驾驭能力或收集了一定的数据与资料，能很好地对研究现状进行梳理，能从中分析出恰当的问题并给出合适的对策建议。一般来说，不建议初学者使用。

“三段论”式论文形式上也会有一些衍生的变化。比如在“问题”与“对策”之间加上“问题的致因”，论文主要是通过对该主题所存在的问题进行剖析，寻找问题发生的原因，从而为解决问题提供思路与参考。

如图2-2，我在《江苏海洋大学学报》发表的《中小型跨境电商企业融资障碍及应对措施》，就增加了原因分析，为后续对策的提出提供了基础与支撑。

四、中小型跨境电商企业融资障碍原因分析

(一) 企业内部层面分析

1 企业经营规模小，抗风险能力弱

中小型跨境电商企业规模不大、资产数量有限，不少企业盲目追求发展速度，经营不够稳健，欠缺风险意识，在企业发展经营过程中存在巨大隐患。现阶段全球贸易不确定性加剧，受中美贸易摩擦、国际贸易摩擦以及新冠疫情全球蔓延的影响，企业的经营风险日趋加大，中小型跨境电商规模小、抗风险能力较弱，极易受外界不稳定因素干扰导致企业经营困难甚至濒临破产。

图2-2　论文示例

“三段论”式论文还可以将发展现状融入引言中，或者将其弱化，只保留“问题”与“对策”，也是这类论文较为常见的形式。比如我在《理论探索》发表的《跨境电子商务全产业链集聚的瓶颈及其破解》，该文弱化了“现状”，重点对“瓶颈”与“破解措施”进行了探讨。

对初涉科研的学友们来说，“三段论”式论文有一条相对的捷径可以走，那就是用结合问卷调研法来撰写“三段论”式学术论文。问卷设计时，建议大家提前思考，将该主题的现状、问题及建议编入调研问卷，获取调研数据后，就可以为该主题所涉及的现状、问题和对策信息提供素材与思路。我在《贵州社会科学》发表的《我国中小企业数字化转型现状、问题及对策》就是标准的结合调研问卷数据来撰写的“三段论”式论文。

二、“机制与路径”式论文

“机制与路径”式论文的核心有两部分，即前面提出该主题的理论支撑，后面进行理论观点的论述。如图2-3所示，“机制与路径”式论文也有可能会转为机制与措施、机制与政策等，还有的论文会采用“机理”来替代“机制”。

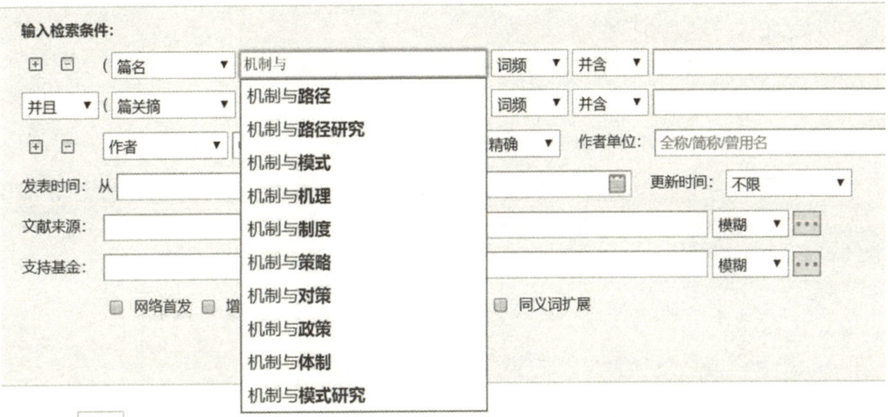

图2-3　“机制与路径”式论文名称检索截图

“机制与路径”式论文的“机制”既可以是纯文字的理论剖析，也可以是在一定理论基础上构建的实证模型。比如张银银和邓玲在《经济体制改革》发表的《创新驱动传统产业向战略性新兴产业转型升级：机理与路径》便是陈述理论逻辑关系；董保宝等在《管理世界》发表的《资源整合过程、动态能力与竞争优势：机理与路径》则是在理论基础上构建了实证模型。

“机制与路径”式论文也有一些演变的形式，聚焦“路径”或者“机制”，以案例研究或者严谨的论证逻辑来展现“路径”。我在《当代经济管理》发表的《西部山区县电商扶贫路径研究：以陕西凤县为例》结合案例的形式，重点论证了电商扶贫路径；我在《企业管理》发表的《京东：构建跨境电商生态系统》则是通过案例对“机制”进行论证。

三、“AB”式论文

“AB”式论文主要探讨两个主题词之间的关系，即主题词A与主题词B相互的逻辑或影响关系。这类论文通过一定的研究方法、研究视角或研究工具对这两个主题词进行深入研究，可以是定性研究，也可以是定量研究，以定量研究居多。“AB”式论文可以根据两个主题词的研究关系进行细分，主要可分为两大类，即：“A”对“B”的影响、“A”与“B”的关系。下面分别列举几篇论文题目供大家参考：

（一）“A”对“B”的影响：

示例1：制度环境对工业绿色创新的空间效应研究。

示例2：互联网对中国就业技能结构的影响——基于省级面板数据的检验。

示例3：贸易政策不确定性对中国企业农产品进口影响研究。

（二）“A”与“B”的关系

示例4：CEO学术经历与企业双元创新。

示例5：异质机构投资者持股与企业声誉——基于企业社会责任的中介效应检验。

示例6：产融结合与民营企业投资效率——基于A股上市公司的经验研究。

示例7：R&D补贴与数字企业技术创新——基于数字经济产业的检验证据。

四、“ABC”式论文

“ABC”式论文主要探讨三个主题词之间的关系，即主题词A、主题词

B与主题词C的逻辑或影响关系，既可以探讨一个主题与其他两个主题的关系，也可以探究三个主题词之间的关系。这类论文同样可以是定性研究，也可以是定量研究，又以定量研究居多。下面我列举几篇论文题目供大家参考：

示例8：南稻北麦、群体信任与协作创新。

示例9：村庄发展、资源禀赋认知与农村居民参与村庄建设意愿——基于575份农村居民问卷调查的实证分析。

示例10：供应链联结强度、信息共享与企业即兴能力的关系。

示例11：知识属性、知识关系与研发合作企业创新绩效。

示例12：人口老龄化、人力资本与服务出口复杂度。

示例13：有偏技术进步、要素配置扭曲与中国工业经济高质量发展——基于技术一致性视角。

示例14：货币政策公告、不确定性与人民币汇率变动。

03 科研成果只有“期刊论文”，专家会笑话你的

科研成果的表现形式有很多种，诚然，期刊论文是科研成果最常见的表现形式。但是，科研成果不单单只有期刊论文，还包括专著、报纸文章、成果要报、咨政建议等。在期刊论文，尤其是核心期刊论文越来越难发表的趋势下，其他形式的科研成果也是大家可以努力的方向。除了首发的期刊论文外，还有二次发表的概率存在，比如“四大转载”，国内对四大转载的认可度很高，甚至可以和CSSCI级别的成果相提并论。

一、科研成果的三种类型

期刊、报纸、要报论文这三类的类型不同，写作思路也不同。而且，报纸论文与要报论文也是一条捷径。比如《人民日报》《光明日报》《经济日报》是“三报一刊”的“三报”，很具权威性。《光明日报》（理论版）和《人民日报》（理论版）已经进入了CSSCI来源期刊目录（2021—2022），我们如果在上面发表一篇论文，竞争力能提高不少。如图2-4与图2-5所示，这是两所高校的科研成果认定办法，《陕西日报》等省级主流媒体（刊物）发表的理论或专业学术文章可以被认定为一篇CSSCI等级的成果。另外，出版20万字以上的学术专著认可度也是很高的。我们再以《中国社会科学报》为例，有的单位将其算作CSSCI级别成果，有的单位将其算作“北核”级别成果。要报类成果，基本可以得到一些领导批示，不同级别的批示，也可以折算成不同级别的成果。

六、在以下期刊发表的论文认定为A区高质量论文：《求是》、《新华文摘》和《中国社会科学文摘》全文收录、《人民日报》（理论版，为理论或专业学术论文）、《光明日报》（理论版，为理论或专业学术论文）；在人大报刊复印资料全文收录的文章可认定为B区高质量论文；在A&HCI收录的文章可认定为C区高质量论文；在《中国社会科学报》及《陕西日报》等省级主流媒体（刊物）发表理论或专业学术文章可认定为C区高质量论文。↵

图2-4　某高校科研成果认定办法节选示例1

（二）EI核心版收录的期刊上发表的学术论文；↵

（三）SCI（科学引文索引）期刊被中科院JCR期刊大类分区二区期刊发表的学术论文；↵

（四）获得省部级领导批示并被相关部门采纳的研究报告、咨询报告和调研报告；↵

（五）在《人民日报》《光明日报》发表的学术论文；↵

（六）在《中国司法鉴定》《刑事技术》《证据科学》《中国刑警学院学报》发表的学术论文；↵

（七）省部级以上的规划统编教材；↵

（八）20万字以上且印数达到3000册以上的学术专著。↵

图2-5　某高校科研成果认定办法节选示例2

二、转载类论文

我国学术界公认的权威二次文献有四种，分别是《新华文摘》《中国社会科学文摘》《人大复印报刊资料》和《高等学校文科学术文摘》，俗称为“四大转载”。需要注意的是，这些刊物原则上不发表原创的学术成果，只作转载转摘。这也就意味着，我们即便只是在普通刊物发表了学术成果，也有被“四大转载”转摘的概率。

（一）《新华文摘》

《新华文摘》的主办单位是人民出版社，其转载类型包括封面要目、全文转载、部分转载、补白、论点摘编和篇目辑览。《新华文摘》的级别在“四大转载”中是最高的。

封面要目出现在每一期《新华文摘》封面上，包括文章题目和作者的信息。一般来说，每一个栏目都会有一篇或一组文章的标题、作者等信息荣登封面要目，而且是按照杂志的栏目顺序来排列的。

全文转载是指某一篇文章在被《新华文摘》转载的时候，几乎没有被删减任何段落或只是删减少许文字。

部分转载是指《新华文摘》转载文章时限于栏目版面或其他因素而删减了正文部分10%以上的文字。如果删减部分超过了正文的30%，还会在末尾处注明原文约多少字。

补白是指在某个栏目的文章版面出现少许空白时而补排的文字内容，一般情况下在1500字之内。

论点摘编是指某一篇文章的核心观点或认识等被浓缩为400—600字的论点。这些论点的题目，一部分是专栏责任编辑拟定的，一部分是原文中的某个小标题。尽管“论点摘编”在每一期杂志上都是作为一个栏目整体呈现，但是，包括“经济”“管理”等栏目在内的每个专栏责任编辑则是分别提供了五个左右的论点。

篇目辑览是指某些文章的标题、作者、刊发报刊及日期（期数）被收入的信息。通常情况下，收录在这部分的文章选题大都观点新颖或者值得继续研究。

（二）《中国社会科学文摘》

《中国社会科学文摘》的主办单位是中国社会科学杂志社。《中国社会科学文摘》的级别在“四大转载”中仅次于《新华文摘》，其转载类型包括全文转载与论点摘要，其中全文转载被普遍认可，论点摘要是否被认可需要看各单位的政策与规定。

（三）《人大复印报刊资料》

《人大复印报刊资料》的主办单位是中国人民大学，由中国人民大学书报资料中心出版。《人大复印报刊资料》的转载类型包括全文转载、文摘和索引，其中全文转载的认可级别最高，其次是文摘，索引通常认可度较低。也有的单位规定，对《人大复印报刊资料》的白皮书的全文转载认可度最高，如《物流管理》《区域与城市经济》《国际贸易问题》《产业经济》等，这些刊物大都采用白色封面。文摘多采用彩色封面，且刊物名称包括“文摘”字样，如《国际经济文摘》《经济学文摘》等。当然以上情况也不是绝对的，也有的全文转载刊物封面是彩色的，刊物名称包括“文摘”字样的情况，如《审计文摘》。如何辨别《××文摘》到底是全文转载还是文摘类型，我们除了需要对刊物熟悉之外，还可以通过查询出版信息，实际上一般论文的最后都会标注出来，如图2–6所示，文摘类会标注出原文的字数，且文摘类的长度较全文转载要少很多。

作者单位：张夏恒，西北政法大学商学院；李豆豆，浙江大学经济学院

摘自《理论探讨》(哈尔滨)，2020.1

原文约10000字

原题《数字经济、跨境电商与数字贸易耦合发展研究——兼论区块链技术在三者中的应用》

国际经济文摘·2020|2　·53·

图2–6　《人大报刊复印资料》文摘类示例

（四）《高等学校文科学术文摘》

《高等学校文科学术文摘》由复旦大学、华东师范大学、上海师范大学、上海外国语大学、上海财经大学、华东政法大学6所高校联合编辑出版，杂志社设在上海师范大学。《高等学校文科学术文摘》分为全文转载与学术卡片两种类型，其中学术卡片是将原文浓缩成为200字左右的论文简介。

三、学术专著

学术专著是指针对某一问题或题材进行深入研究、具有较高学术水平与一定的创造性的著作。学术专著需要申报书号与CIP数据，书号由13位数字组成，与条形码一同显示在书的封底，是国家新闻出版主管部门统一分配给出版社的。超过4万字的论文都可以算是学术专著，大部分的学术专著超过10万字，甚至有的单位只认可超过20万字的学术专著。

学术专著的级别界定较难，且不同单位有不同的规定。带“全国百佳出版社”称号或是国家级的出版社的认可度较高，其中又以中国社会科学出版社、科学出版社的认可度更高。中国商务出版社、社会科学文献出版社、北京大学出版社、清华大学出版社等认可度也不低，同时对于不同学科，各出版社的认可度也各不相同。

四、报纸类文章

报纸文章也是我们可以关注的。其中，《人民日报》与《光明日报》级别最高，《经济日报》的级别也很高，《中国社会科学报》认可度也不低。此外，还有各地日报是不错的选择，很多学校都要求青年教师必须在这些报纸的理论版发表文章或其他板块发表专业学术性文章。许多单位对报纸上发表的文章有字数要求，最低一般在1200字，当然并没有绝对化的数字，这样就规避了几百字的“豆腐块”。

报纸类文章没有摘要、关键词与参考文献，也不是期刊论文那种引言、文献综述、正文、结语等格式，基本都是一段引文后，直奔主题，一般会有三节或四节，每节都可以是独立的内容，各节之间一般也会有一定的逻辑关系。标题方面更直接简洁，看到题目能明确了解谈论的内容，也会有并列性的短句作为标题。报纸类文章对于错别字是零容忍的，这是我们需要特别注意的。

五、要报类文章

成果要报、咨政建议等统称为要报类文章。要报类文章与期刊论文、报纸类文章不同，更加侧重于对策性与时效性。对于要报类论文，我们应主要关注以下要点：

在内容要求方面：要报文字要简洁生动，避免过于学理化。字数控制在3000字左右。对策建议部分原则上要占1/3以上，还要注意到：（1）淡化学理性说教，强化对策性研究；（2）观点要科学理性，全面反映学术界的最新声音；（3）要有国家战略意识。

在内容安排方面：文稿结构一般按照“提出问题、分析评价、对策建议”的思路谋篇布局，一定要聚集问题，突出重点。

第一部分：提出问题。这一部分重在指出所谈问题的重大意义或所谈问题的严重性与紧迫性。篇幅不宜过长，要简明扼要地点出问题，说明该问题对国家发展可能产生的重要影响，以引起领导层的重视，尽量避免冗长的历史性描述。

第二部分：分析评价。这一部分重在分析问题的表现、原因与影响，不同的对策建议可以突出强化不同的部分。

第三部分：对策建议。这一部分重在提出解决问题的对策建议，通常是全文的核心部分，要求具有针对性、创新性、可操作性和科学性。

要报类文章的摘要可有可无，但是参考文献是没有的。

要报类文章要想被单位认可，需要得到领导的批示或采纳证明。

第三章

学会选题，写出的论文才不会成为一堆废纸

众所周知，学术论文发表越来越难。我们撰写的论文如果能聚焦热点或与热点关联，就能增加论文发表的机会。本章我和大家一起聊聊关于热点的话题。

我们先来了解一下“热点”究竟是什么。

热点其实就是在现今社会比较受关注、欢迎的新闻、信息或某一时期引人注目的话题和事件。但在这里我需要强调的是，能为学术论文撰写所用的热点必须在国家、经济、社会、科技等方面具有重大和现实的意义，能从实践倒逼学术研究，并能通过学术研究来指导实践发展。

01 学会选题前你需要掌握这些常识

好的论文选题能“顶天”，也能“立地”。所谓顶天，是指论文选题具备一定的理论支撑；所谓立地，是指论文选题能解决各种现实问题。围绕论文选题，作者能将一定的理论知识嵌入其中，论文内容又是围绕国家、社会、现实的各种问题展开。论文发表之后，能对解决目标问题起到一定的指导或参考作用，这样的论文选题才是好的选题，才具备撰写的意义和价值。

一、选题需要具备问题意识

学术论文并非文艺作品、新闻报道、散文等文学载体，是具有一定学术价值的规范性文章。在大多数学科领域，学术论文应该围绕一定的主题展开，需要解决某一问题。那么，学术论文的选题从一开始就需要具备问题意识，也就是说，学术论文的选题需要围绕某一个问题加以论证，并且通过这样的论证来解决问题。

论文选题针对的问题必须明确，这个问题不单纯是某个话题、某种现象、某个事件，比如共同富裕、学术不端现象、逍遥镇胡辣汤商标诉讼事件……而是需要从这些话题、现象或事件中抽取出问题的要点，比如共同富裕方面就需要进行概念的界定，学术不端现象要深挖治理的细节，逍遥镇胡辣汤商标诉讼事件实际上涉及地方特色商品的保护问题。问题源于话题、现象或事件但又不是简单地等同于话题、现象或事件，它更应是话题、现象或事件的升华。

当拟定论文选题所涉及的问题后，我们还应该明确自己能否驾驭这个问题——问题的设计范围及边界。首先，我们要搞清楚这个问题的大小，它是否超出了一篇学术论文论证的范畴，用一到两万字的篇幅能否将这个问题论证清楚。如果这个问题宏大到超出了一篇学术论文的论证范畴或者学术论文的篇幅根本无法清晰完整地对其进行论证，那么这个问题就无法成为一篇学术论文的选题。其次，我们要搞清楚这个问题又是否过于小巧，如果它小到无法有效地切入研究或者只能作为学术论文的某一部分内容来进行论证，这样的问题也不能成为学术论文的选题。最后，我们还要搞清楚这个问题是否具备研究的价值，尤其需要从学术的角度去辨别。

二、论文选题处理思路

（一）大选题要具象化

当选题比较宏大，我们在撰写这类论文时就需要对大选题进行具象化处理，这样才能将该类选题写实、写透，从而避免选题论证过于随意，显得论文主题发散、缺少聚焦点。比如共同富裕这个选题就很宏大，如果我们单纯围绕共同富裕进行论证，就会无从下手，但如果我们对其进行具象化的处理，就能清晰地抓住选题论证的要点，把握住论文的内容。比如以“百年共同富裕：演进历程、理论创新与路径选择”为题，这是阐述共同富裕的理论开端和发展；“产业融合促进农民共同富裕：作用机理与政策选择”，这是以农村产业融合为思路；“共同富裕的慈善伦理支持”，这是从社会慈善方面论述共同富裕的要点。

（二）小选题要深挖掘

当选题看似小巧，在撰写这类论文时，我们又需要对小巧选题进行深化，找出论文撰写的切入点并将其理论化、逻辑化，从而避免选题论证缺少创新点和价值感。比如“基因编辑婴儿事件”这样的选题看起来就不大，单纯围绕事件的本身进行论证，就会缺少创新点且无法持久展开研究。但如果我们透过这一事件来论证其背后的伦理、法律、技术使用、舆论关注等要点，其创新性与价值感就会得到大幅的提升，像“基因编辑婴儿事件中的风险传播与视觉修辞”“新兴风险的包容性治理——以基因编辑婴儿事件为例”“从基因编辑婴儿事件看当前科学伦理问题”“生命科技时代的刑法规制——以基因编辑婴儿事件为中心”等选题就是透过现象、深入剖析事件本质。

（三）老选题要视角新

当选题是一个较久远的话题，在撰写这类论文时，如果我们还是沿用已有的研究思路、视角与方法，就成了老生常谈、毫无新意，即便完成论文，想要发表也是难上加难。针对这类选题，我们需要找到新的数据、方法、视角等切入点，才能写出新意，实现学术贡献的突破。比如精准扶贫在前几年算是新选题，但在2021年后已经没有什么新意，各大期刊发表的论文太多了，如果我们再延续精准扶贫的研究，就难以立足。但是，如果我们从精准扶贫政策评价、脱贫后返贫风险、精准扶贫与乡村振兴的衔接等视角来撰写，就会获得老树开新花的效果。像“精准扶贫政策的减贫效应：基于CFPS数据的实证”“精准扶贫驱动贫困乡村重构的过程与机制——以十八洞村为例”“精准扶贫视阈下南疆绿洲社会转型调查研究”“贫困地区乡村振兴与精准扶贫有效衔接研究”等选题，就赋予了精准扶贫新的视角和价值。

（四）热选题要快动手

当选题是热点话题，在撰写这类论文时，我们在时间上既需要与自己比拼，也需要与其他作者赛跑。针对热点选题，我们需要早动手、快动手，不仅要写得快，更要投稿快，这样才能抓住热点选题的红利，降低论文发表的难度。

02　编辑告诉你为何要聚焦学术热点

热点研究是大多数期刊与编辑的偏好，尤其在近些年的学术领域，不管是权威期刊还是一般核心期刊乃至普通期刊，都纷纷拥抱热点话题。如图3-1，这是一名作者曾经收到的一封核心期刊的退稿信，信中明确提出退稿原因为“与我刊的热点追踪方向不贴合”。由此可见，期刊编辑越来越偏好热点话题或者与热点话题相关的稿件。

尊敬的作者：感谢您对《[redacted]》期刊的支持。经认真审阅、集体讨论您的稿件，未能通过我刊稿件的复审，建议另投它刊。一般是因与我刊的热点追踪方向不贴合，并非文章本身的质量问题。因期刊来稿量日益增多，又囿于人手、经费投入有限，不能为作者一一提供专业的退稿意见，敬请谅解，也欢迎继续支持我刊。编辑部也一定会本着公平、公正的原则，为优秀科研人员搭建好这个学术交流的平台。

图3-1　期刊偏好热点选题的示例

《新疆师范大学学报》主编李建军在《光明日报》（2021年6月2日11版）发表的文章提到，《新疆师范大学学报》聚焦国家重大理论和现实问题，瞄准国家经济、社会、文化、生态等热点、难点、焦点话题，围绕“一带一路”“经济新常态”“供给侧结构性改革”“双循环”“美丽中国”“健康中国”“新时代社会主要矛盾”“扶贫攻坚”“乡村振兴”“民族互嵌型社区”“老龄化与养老问题”“民法典”“垃圾分类”“生物安全”等专题开展一系列选题策划。该期刊重视现实问题，回应时代关切，突出了学术期刊的中国特色、中国风格和中国气派，同时也及时地聚焦了一系列热点问题，通过热点提高了文章的传播力及刊物的被引率与影响因子。2016—2018年，《新疆师范大学学报》影响因子连续3年位列全国高校综合类学报首位。在党的十九大召开后不到半个月，《新疆师范大学学报》便推出

《论习近平新时代中国特色社会主义思想》的力作，下载达69104次、被引201次（数据统计截止到2021年10月7日）；在“一带一路”倡议刚提出的时候，《新疆师范大学学报》率先发表《“丝绸之路经济带”：战略内涵、定位和实现路径》一文，已被引用740次（数据截止到2021年10月7日）；2021年5月31日，中共中央政治局召开会议，审议《关于优化生育政策促进人口长期均衡发展的决定》并指出，为进一步优化生育政策，实施一对夫妻可以生育三个子女政策及配套支持措施。不到一个月，《新疆师范大学学报》便发表了题为《三孩生育政策与新型生育文化建设》的文章，截至2021年10月7日，该文的下载次数达2480次，如图3-2所示。

	题名	作者	来源	发表时间	数据库	被引	下载
1	三孩生育政策与新型生育文化建设 网络首发	风笑天	新疆师范大学学报(哲学社会科学版)	2021-06-22 17:26	期刊		2480

图3-2　热点文章的下载量示例

几乎每一个核心期刊在选择论文选题时，都会重视热点话题。我随机选择了两种核心刊物来佐证该观点，在《当代财经》《江西财经大学学报》（这两种刊物是同一个主办单位，也共用一个官方网站）官方网站查阅2021年度研究指南，如下所示：

（1）习近平新时代中国特色社会主义思想的科学体系和独创性贡献研究。

（2）庆祝中国共产党成立100周年研究。

（3）双循环新发展格局与经济高质量发展研究。

（4）数字经济与实体经济深度融合发展研究。

（5）中国深度参与全球创新价值链治理研究。

（6）我国就业量质协调与经济可持续发展研究。

（7）智能时代重大突发公共事件风险防控研究。

（8）依法治国背景下政府治理体系研究。

（9）系统性金融风险防控与现代金融监管体系研究。

（10）资本市场的资本配置功能与财富分配功能研究。

（11）产业链、供应链现代化水平提升研究。

（12）贸易结构优化与高水平对外开放研究。

（13）混合所有制改革与企业治理机制创新研究。

（14）现代信息技术驱动的我国营商环境优化研究。

（15）注册制背景下信息披露与监管研究。

（16）多层次、多支柱养老保险体系研究。

（17）食品安全与农产品产销体系重构及监管研究。

（18）乡村振兴背景下数字乡村发展研究。

（19）平台经济反垄断研究。

（20）互联网金融立法研究。

从上述的研究指南中我们可以发现，里面很多指南都是当下的热点问题，比如庆祝中国共产党成立100周年、双循环与经济高质量发展、乡村振兴、平台经济反垄断……

学术期刊偏好热点选题的学术论文无可厚非，尤其在经济学、管理学等学科领域，学术热点更与我国经济社会发展现实紧密结合，也更容易与经济社会发展的热点话题发生碰撞、产生火花。为什么学术期刊热衷于发表热点选题论文？虽然有许多其他原因，主要还是与当下核心期刊遴选体系的标准存在很大的关系。CSSCI期刊评价指标中很重要的一条就是所发表论文近两年的被引率，这个被引率特指被CSSCI期刊引用的他引率。评价指标中还涉及所发表论文的转载率，如《新华文摘》《中国社会科学文摘》《人大复印报刊资料》等对论文的转载。热点选题的学术论文无疑能极度匹配学术期刊的这些需求，这样的学术论文一经发表，能很快获得高下载率、被引率及较高的转载率。所以，大家应尽可能地将研究与热点话题相关联，尤其是学术“小白”或初入科研圈子的同行们。

03 痛失多篇C刊论文，原来是不听这些建议

从2014年起，我陆续捕捉到多个热点，跨境电商、区块链、电商扶贫、新媒体、疫情、互联网平台反垄断、双循环、RCEP……在过去几年的科研辅导经历中，我也准确地为学员指出了多个热点选题，如基因编辑、全媒体、平台治理、数据跨境流动、数字贸易、建党100周年、中华人民共和国成立70周年。在某期的学术训练营里，我点对点指导一位来自某医学院的法学专业博士，当时恰好发生了基因编辑婴儿事件，我敏锐地感觉到这是一个热点话题，便建议该学员选择这个话题来撰写学术论文，因为该选题非常契合他的身份——法学专业，任职于某医学院。我们都认为这样的论文选题切入点很有意思，学员动作很快，多次沟通后，论文框架也初步搭建好，只不过训练营结束后我偶然在知网看到已经发表的类似的论文，询问学员论文进度时被告知他因为一些事情耽搁了。那一瞬时，我是真的觉得非常遗憾。还有某次学术训练营的网络科研辅导中，我指导另一位学员撰写数字经济、跨境电商与数字贸易关系辨析的选题，也是由于一些原因学员未能成稿，最后不想浪费这个选题，我便自己撰写，发表了一篇论文。从这里我们可以知道，热点选题的论文是增加论文发表概率、降低论文发表难度的不错选择。

如前所述，期刊喜欢热点选题的学术论文，所以我们针对热点选题进行研究，就会有很多优势，现在我分别从直接优势与间接优势的视角，一一细数热点研究给我们带来的好处。

一、热点选题的直接优势

（一）降低论文发表难度

热点选题的第一条优势是降低论文发表难度。如果我们在一个热点萌发的初期就抓住了它，那么发表论文就会变得特别简单，即便一些质量相对没那么高的论文，都有可能发表在核心期刊上。原因如前文所述——当下的学术环境中，很多期刊都热衷于发表关于热点话题的学术论文。

（二）提高论文写作效率

热点选题的第二条优势是能提高论文写作效率。热点论文相对于非热点论文更容易撰写，尤其在热点萌发的初期，它不需要很复杂的结构和模型分析，即便只是简单地采用论述、描述等形式也容易发表。此时，我们需要尽快思考，尽快写出来、投稿出去。当然，想要将论文发表在核心期刊上，我们还是需要确保论文框架结构完整、逻辑清晰、文字流畅。

（三）增加论文转载概率

热点选题的第三条优势是增加论文转载概率。论文发表出来有被四大刊物转载的可能性。“四大转载”具有很高的认可度，最低程度也会被认为等同于一篇CSSCI期刊论文，有的甚至将《新华文摘》《中国社会科学文摘》认定为A刊或权威期刊级别。这样你就占到了便宜——一篇变两篇，由普通期刊论文摇身一变成为核心期刊论文甚至权威级别的论文。

以上三点是热点研究的直接优势，也是进行热点研究能获得的短期效应，我个人在这方面屡试不爽，也有多篇热点论文被《人大复印报刊资料》和《高等学校文科学术文摘》转载。

二、热点选题的间接优势

接下来，我与大家一起聊一聊热点研究具有哪些间接优势与长期效应。

（一）形成研究领先优势

一个热点尚未真正成为学术热点或者还没有被广大科研人员关注到，如果我们此时最先发现了该热点，就拥有了先发优势。我们快速下手，撰写出来的热点研究论文就会具有较高的竞争优势，我们当然也就成了第一批吃到“大螃蟹”的人。

（二）塑造研究领域专家

基于上面提到的热点研究论文所形成的先发优势，当你的论文较早出现在该领域里，就会成为后面研究者必看和参考的文献，也会拥有较高的下载率与被引率。你无形中就成长为这个研究领域的专家，你后继的研究成果也会拥有很高的下载量和被引量，这样你就逐步掌握了该领域的话语权。比如我一篇早期的论文被引量超过了460次，在同行们后来的两篇综述性论文中，都提及我是该主题领域较早的研究者之一与核心成果高产者。

围绕热点撰写论文还能提高我们的学术兴趣，因为写作和发表相对都容易，能激发我们的自信心，更有冲劲去做学术。

现在我们来总结和回顾一下，热点研究的优势一共可以归纳为五条，分别是：降低论文发表难度、提高论文写作效率、增加论文转载概率、形成研究领先优势、塑造研究领域专家。此外，通过研究热点，还能降低我们论文写作的难度和发布难度，进而提高自己的学术信心。

三、热点选题的潜在风险

凡事都有两面，虽然热点研究有这么多优势，但是过度追逐热点也存在不少弊端。接下来，我逐一分析热点研究中隐藏着的风险。

（一）所谓“热点”真是热点吗

有的话题看起来似乎是个热点话题，但它能否成为真正的学术热点，我们需要画一个问号。比如，我们在做文献梳理的时候，发现一个话题或主题词已有的研究成果很少，这意味着很少有人关心该话题，于是有的人会认为自己交上好运，找到了一个“学术富矿”。但我们需要客观、理性地分析该话题究竟是学术富矿还是恰好因为它没有研究价值，其实就是一块鸡肋。

（二）热点研究生命周期问题

热点一般都有生命周期，尤其会因为一些突发事件导致某些热点戛然而止。我们追逐热点的时候，可能会遇到刚开始研究，热点便消失的情况。比如，现在的网络众筹、PPP等话题，前几年热得烫手，这一两年却变冷了。再比如精准扶贫，如图3–3所示，它在2018年达到一个研究的峰值，2020年发文量便出现了大幅度的缩减，2020年之后我国已经全面脱贫，那么精准扶贫的热点自然就消失了，2021年很多刊物都不再接收单纯论述精准扶贫选题的论文。

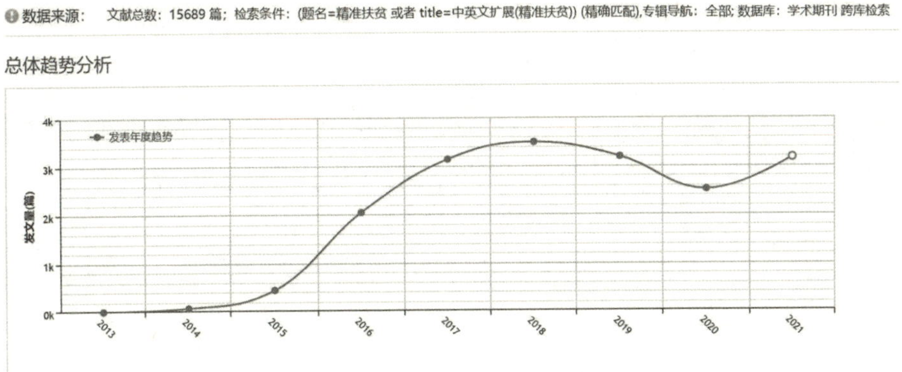

图3–3　“精准扶贫”选题知网发文趋势

注：2021年的数据是知网的预测值，截至2021年9月23日，2021年度精准扶贫选题论文在知网的发文量仅为834篇。

（三）热点的研究切入时机问题

热点存在一个切入时间的问题，尤其当热点已经很热或者很多人在研究，那么你就要考虑再进入是否还能有优势。因为此时再聚焦这个热点，我们肯定已经失去先发优势，写作与发表难度会提高不少。当然，这一点也存在两面性，针对一些持续时间长的热点，如何进行研究，需要一些技巧与方法。

（四）热点的非连贯性不利于研究的积累与沉淀

热点往往存在一定存续的时间，那么当热点差异较大，不同热点之间就很难有连贯性或关联性。如果单纯为了发表论文而过度追逐热点，哪个话题热，我们就撰写哪方面的论文，总是要追热点，跟着热点走，这种不连贯性就会导致我们的研究看似涉及很多领域，但是哪个领域都没有关联性，不利于研究的积累与沉淀。

（五）他人/同行对热点研究的看法与评价

关于热点研究，科研圈的人对其褒贬不一。很多刊物都比较严格地执行三审三校制度，投稿论文一般都会经历外审环节。那么，热点研究的论文在期刊外审或者同行评议时，就存在被审稿专家或者是那些排斥热点研究方式的同行摒弃的可能。比如，我在研究跨境电商时，就收到过退稿信，在信中审稿专家提出了对跨境电商的质疑，即“跨境电商不就是通过互联网做跨国贸易吗，有价值吗”。这就是追踪热点研究一个潜在的风险。

（六）是否利于研究领域的深耕

过度追逐热点，尤其为了热点而热点，在每个时髦的热点之间不停地切换，这就不利于研究领域深挖与垂直化。成为某个领域真正的专家本来就很难，如果没有深度，当我们在多个领域都发声的时候，那种声音在真正的专家听来就会很业余。

（七）热点变化导致转换成本增加

热点无时无刻不处于变化中，尤其当出现差异很大的变化时，我们不断去追热点，也会增加我们的切换成本。就以我个人的一个惨痛教训为例，2017年我的研究重点从跨境电商转换到电商扶贫，因为我认定当时电商扶贫热度会更高一些，于是就忽视了对跨境电商的研究，而这次不成功的热点切换给我带来了较高的转换成本。

关于是否进行热点研究，我的两个研友还曾有过多次的争论。但从他们和我个人的经历来看，热点研究需要关注并重视，但更要讲究方法与技巧。

04 我用了这十种方法，抓住七个选题发出几十篇论文

既然了解了热点选题对学术论文写作的意义，就会有很多人关心如何才能获得热点选题。学术热点并非空穴来风，感知与把握住它是一门学问，需要掌握一定的方式、方法与技巧。本节将聚焦选题热点的获取技巧，帮助大家快速掌握获取热点选题的能力。

一、关注这些来源点，我们才能及时捕捉到热点选题

结合我个人这几年的经验，我发现可以从四个来源点捕捉热点选题，它们分别是：（1）国家顶层设计；（2）社会重大问题；（3）实践凸显话题；（4）研究趋向变化（这主要体现在冷门向热门的变化）。

热点选题的第一个来源点是国家顶层设计。国家顶层设计属于追根溯源、统揽全局，是在最高层次上寻求问题的解决之道。来源于国家的一些顶层设计的热点可以说是标准的大热点，十分具有持续性，值得我们格外重视与注意。比如“一带一路”“乡村振兴”“双一流”“高质量发展”等都是从国家层面提出的一些战略导向，已成为每年国家社科基金的选题指南，也是我们要重点关注的选题热点。

热点选题的第二个来源点是社会重大问题，即经济社会文化等方面出现的重大话题或问题。这里我要强调重大的程度，那些影响不大的社会现象可以忽略。一些大问题往往会形成学术的富矿，学术不就是为了体现智库价值吗？这些问题多与经济、社会、文化、技术等方面息息相关，比如食品安全、疫苗事件、留守儿童、新媒体技术等。

热点选题的第三个来源点是实践凸显话题。这方面主要是一些相关的实践领域或机构出现的话题或问题。学术与实践是相辅相成、互相推进的，如果我们适当关注实践领域的信息，就能倒逼学术研究，况且有的期刊倾向于接收这方面的稿件。比如中美贸易摩擦、基因编辑、学术评价与学术不端等。

热点选题的第四个来源点是研究趋向变化。这里多表现为研究内容由冷门变成热门，主要与大的研究导向发生变化或偶然事件的发生等相关，比如诺贝尔奖项、大型的考古发现等。当年莫言获得诺贝尔文学奖后，国内掀起一股莫言研究热，那两年各大期刊都发表了很多相关的学术论文。

二、不得不说的捕捉热点选题的十种方法

如何抓住热点选题，我们需要掌握一定的方法，这些方法也是很多专家轻易不对外披露的。我个人这几年便是通过自己摸索出来的十种方法，陆续发现并抓住了很多热点选题，然后围绕这些热点选题相继发表了几十篇论文。在这里，我将自己总结的方法分享出来，希望大家都能掌握或者至少掌握几种各自擅长的。

（一）关注国家各类重要会议

如果想抓住一些热点话题，我们需要高度关注与重视国家各类重要会议，比如2022年将召开的党的二十大、每年的两会、各领域的重要会议如博鳌论坛和互联网大会等……这些会议我每次都会关注，还曾组织过解读各种大会的活动。很多重要会议都会提出一些新的概念，比如，eWTP就是G20杭州峰会提出的。

（二）关注一些重要文件、精神及报告

有一些重要文件、精神及报告常会引出一些学术上的热点，比如每年的中央一号文件、政府工作报告、“十四五”规划等，还有党和国家领导人的

一些重要讲话。这些都是我们需要特别留意和研究的，因为热点很有可能就隐含在这些文件和讲话中。

（三）关注社会突发事件

随时留意一些社会突发事件。比如“中美贸易摩擦”“基因编辑事件”“校园欺凌事件”，还有一些经济领域突发的事件、社会性事件、公共卫生事件、自然性突发事件，这与前面的来源点类似。所以，我建议大家经常关注网页新闻、媒体头条消息，形成每天都浏览一下新闻的习惯。

（四）关注各类高规格学术会议

大家应该留意并尽量参加一些学术会议，而且既可以关注单一领域的会议，也可以关注交叉领域的会议。这也是我们细分领域需要关注的热点的潜在发生区。这两年，受新冠肺炎疫情的影响，许多学术会议纷纷采用了网络在线会议形式，也都对外开放，为我们提供了便利的条件与机会。

（五）关注业内专家观点

大家需要留意自己所关注研究领域内的消息、专家们的观点、言论、主题报告等，尽量了解并熟悉这个领域内的院士、长江学者等，尤其在报纸、杂志、会议、网页中看到他们的言论时，就需要留意，做好笔记。

（六）关注实践领域话题/实践领域人士交流

我们需要经常留意实践领域的话题，注意与实践领域人士进行交流。众所周知，理论来源于实践，也服务于实践，尤其当下国家鼓励学者们“将论文写在祖国大地上”，也强调学术研究应该支撑经济社会发展。如果我们可以在做课题，尤其是做横向课题时参加一些交流会，必然能拓展自己的思维。2017年我关注区块链的时候就专门去上海参加了一个实践领域的交流会，可以说受益匪浅。

（七）关注“两微一端”、网页新闻、头条的资讯

“两微一端”（指微博、微信及新闻客户端）、网页新闻及头条资讯会引发许多的热点话题，这也可以成为我们捕捉热点的一个信息源。我建议大

家养成每天浏览这些资讯的习惯，将每天碎片化的时间充分利用起来，发现一些类似的热点信息，及时做好记录。

（八）关注“三报一刊”

许多热点来自“三报一刊”（《人民日报》《光明日报》《经济日报》《求是》）资讯。“三报一刊”不仅体现了国家社会重点关注的领域与话题，也是学术研究在某个固定时期内的热点集聚地。所以，我们对于“三报一刊”一定要定期跟踪与阅读，留意自己感兴趣的内容。

（九）关注“四大转载”

建议关注“四大转载”并定期进行更新。“四大转载”偏好转载一些热点话题相关的文章，这也是我们获取热点选题所要关注的信息，尤其是全文转载的论文和封面文章。

（十）关注期刊征稿信息

当下的学术期刊热衷于热点话题，也会通过征稿信息、栏目设置、专栏设置等方式将热点传递给读者。越来越多的期刊会公布刊物的征稿信息或选题指南，需要我们及时关注，尤其是自己领域内、与自己研究方向和研究主题相匹配的期刊。

这里有一个小技巧，关于后三个方法，我们可以通过期刊的官网、微信公众号、知网等途径来查阅。

前三个方法能让我们走在热点的前面，如果运气好，又有敏锐性与判断力，热点刚产生我们就能锁定它；后三个方法获取的热点多是它们已经有了不小的热度，其先发优势已经错失。这种情况下，我们依旧可以利用这些热点，具体方法我会在后面与大家分享。

三、持续有效跟踪热点选题的独家秘籍

我们掌握了十种捕捉热点的方法，接下来应该怎么做呢，当然就是持续跟踪了解热点的情况。接下来，我将给大家分享五种方法，这也是我多年总

结出来的持续跟踪热点的独家秘籍。

（一）独家秘籍一：持续关注热点源头

对前文介绍的热点源头进行持续关注。这些热点源头我们不仅要知道、了解，更需要定期更新阅读，缺一不可。很多人对此仍停留在了解的层面，缺少行动，这是不够的，重要的是要行动起来，持续关注。这样才能更全面深入了解热点。

（二）独家秘籍二：定期跟踪、更新热点资讯

针对一个热点，我们要定期对其进行跟踪并及时更新热点相关资讯，不仅要了解热点的发展情况，也要了解热点的演变情况，才能随着热点的发展变化而延伸自己的研究。比如，前几年精准扶贫是一个热点，但随着扶贫工作的推进，精准扶贫热点又衍生出一些扶贫效果评测的热点，也出现了精准扶贫脱贫后的乡村振兴话题。

（三）独家秘籍三：定期热点词文献检索

我强烈建议大家定期根据热点词汇、关键词等检索文献，阅读文献，尤其是检索核心期刊，重点阅读CSSCI期刊。当然，如果这个热点太新颖，核心期刊里很少见，普刊也可以阅览。文献检索的逻辑是先检索CSSCI，再检索核心期刊，最后检索全部期刊。定期检索文献可以了解大家都在研究哪些内容，还能明确自己主题的论文哪些期刊愿意发表，以便论文写好后投稿，可以说是一举两得。

我在这里给大家做一个示范，我们可以定期进行中国知网的信息检索，比如以“精准扶贫”为关键词，每月进行一次检索。打开中国知网，选择“高级检索”，点击“期刊”选项，按篇名检索“精准扶贫”，来源类别选择“CSSCI”，点击“检索”，点击“发表时间”进行排序，我们就可以看到最新的“精准扶贫”文献，从中找到与我们研究相关的文献，下载查看即可，如图3-4所示。

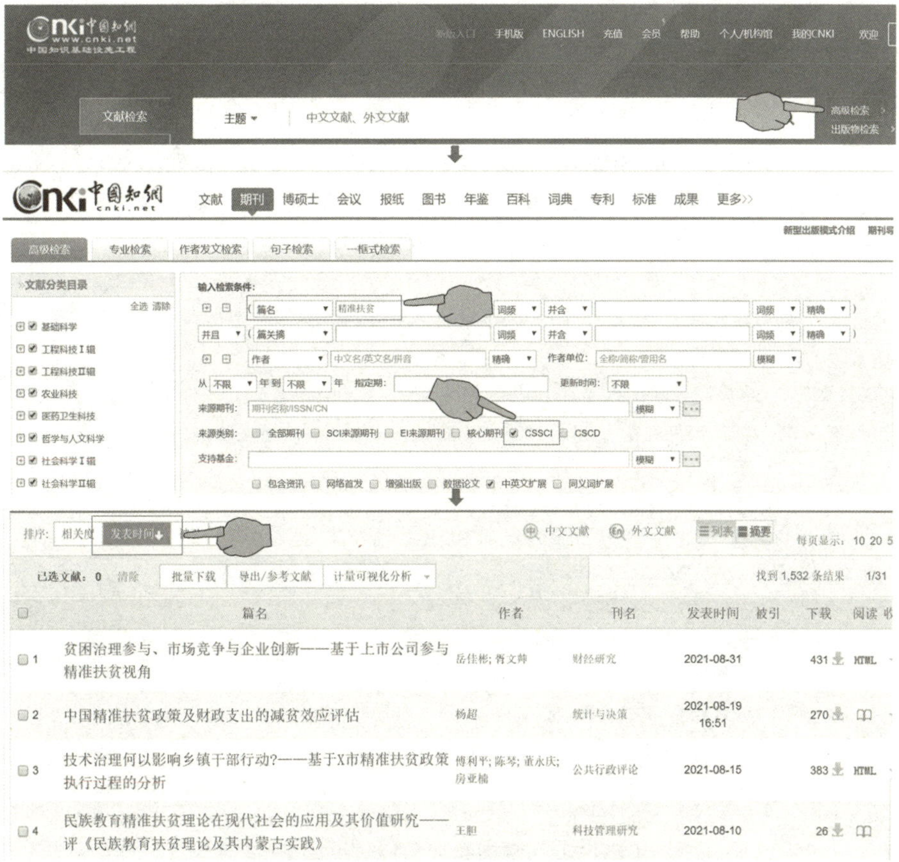

图3-4　以“精准扶贫”为例进行定期文献检索

（四）独家秘籍四：“勾搭”期刊编辑

我们可以通过查阅期刊征稿信息来获取写作主题，很多期刊都有自己的选题信息和征稿渠道，现在一般都在官网或微信公众号上发布。我们要抓住各种机会，与期刊编辑建立联系，大多数期刊编辑都不排斥与读者交流，通过与编辑的交流我们就能了解期刊的收稿热点；如果有机会一起开会，一定要厚着脸皮问编辑的联系方式，加微信；如果大家都在一个微信群，那就主动加编辑好友；如果投稿过程中，有编辑留下联系方式，一定主动添加并联系。不管我们通过什么方式，尝试与编辑搭上线，总会有意想不到的效果与好处。我就保存了很多编辑的联系方式、名片、微信等，都是自己平时积累下来的。

这里我也给大家做一个示范，比如《管理学刊》官网，点击“征稿启事”，可以看到“《管理学刊》2021年征稿启事”，就会发现例如：建党100周年、乡村振兴、区块链等热点选题信息，如图3-5所示。

征稿启事

《管理学刊》2021年征稿启事

2021年《管理学刊》面向国内外经济、管理领域专家学者征集下列研究方向的高水平学术稿件，欢迎投稿。稿件要求：资料可靠，数据准确；方法科学，研究规范；跟踪热点，反映前沿。

1.建党100周年，中国经济、管理科学的理论与实践
2.全球治理、大国治理、公共治理、公司治理
3.乡村振兴与脱贫成果巩固
4.城市群与经济高质量发展
5.生态经济、共享经济与可持续发展
6.健康中国与应急管理
7.供应链管理、组织管理、创新管理
8.互联网+、区块链技术在生产实践中的应用研究
9.中国本土化经济管理思想研究

图3-5 《管理学刊》征稿启事示例

（五）独家秘籍五：敏锐的思维与头脑

要有敏锐的思维与头脑。这个是我们最主要、最关键、最核心的要素，如果缺少了它们，抓热点就无从谈起。所以，我们必须锻炼自己开拓思维，看到一个新东西，一定要多思多想，甚至可以天马行空地想象，先做加法，再做减法。

05　两条腿走路才更稳，热点与常态点如何平衡

热点选题的确能带给大家很多的好处，但是过度追求热点同样会让我们陷入一种怪圈，产生诸多问题。但限于论文发表的压力，我们又不得不热衷于追寻学术热点话题。在本节中，我将告诉大家，找到了选题热点后该怎么做，怎样将热点转化为一篇篇学术成果，怎样在热点与常态点之间做到平衡。

一、抓住热点还不够，论文蝶变需要关注这些要点

当我们很幸运地抓住一个热点后，不要沾沾自喜，以为万事大吉。抓住热点只是迈向学术自由的第一步，要想将热点转化为一篇篇核心论文，下面这些要点仍需要我们关注与重视。

（一）蝶变第一式：紧盯热点，动手要快

当我们发现了一个热点，如果觉得自己能将之写成论文，那么一定要逼着自己赶紧动笔。我们不仅要聚焦热点，更重要的是要动手快、下手早，否则就会丧失热点带来的诸多好处，因为你动手慢了，别人动手早，那么热点就被别人给抢走了。

热点发酵初期，一些定性的论文、描述性论文相对好发表，当关注的人多了，难度就大了。我们好不容易发现热点，但是动笔晚了，投稿也会延误，一步慢，步步晚。所以我们不仅要写得快，写完还得迅速投稿出去，唯一的目标就是让这个选题的论文早点发表出来。可以说，我们是在与时间赛跑，一切重在行动。

发现热点，动手又快，不仅能让论文的发表更容易，还能让我们发表的论文产生高的下载量与被引量，甚至能通过几篇论文的积累，让我们在这个领域拥有极大的优势，吸引一些编辑主动向我们约稿，这样就形成了一个良性循环，时间久了，我们在这个领域的话语权就稳固了。

（二）蝶变第二式：结合自身，选择切入

有些热点往往比较宏大，如人工智能、建党百年等，涵盖的范围广，可以写的角度也比较多。针对这样的热点，从哪些角度或方面进行研究是一个看似较难的问题。当发现这样的热点，感觉无从下手时，那就证明我们还没有找到合适的切入点。热点研究，一定要与自身相结合，做我们最擅长的事——我能做得了什么。有的人善于撰写论述型论文，有的人善于撰写定量型论文，有的人的研究方向比较单一，有的人的研究方向比较广。所以，我们要结合自己的背景、专业、兴趣，从自己擅长的点切入热点的研究领域。

（三）蝶变第三式：学科交叉，变短为长

一些热点常常没有显著的学科界限，遇到这样的情况，我建议大家选择交叉研究，尤其是我们的研究方法在其他学科中具备优势的情况下。比如你掌握的定量研究方法在一个领域内比较低端，但是将它放到其本身没有太多定量研究的领域就会具有显著的交叉研究优势。这就是交叉研究事半功倍的效果。

（四）蝶变第四式：不断深挖，找新增长

热点发酵初期，我们可以停留在研究的表面，但是随着热点的发展与大家对其研究的关注，表层的研究已无法具备发文优势，那么就需要结合自身情况，继续深挖，寻找细分领域、新兴领域，从不同视角展开研究。与热点相关的领域如果太多，关键就在于把我们的长处与热点最大化地进行结合。接下来，我举一个例子，告诉大家应该如何操作。

比如精准扶贫这个热点比较宏大，而且具有显著的研究时间限制。如

果我们是经济学专业，最开始就可以从产业扶贫角度去写论文。随着精准扶贫甚至产业扶贫研究的推进，研究人员、研究成果越来越多，竞争优势不再显著时，我们可以这样做：（1）从细分领域看，可以去研究产业扶贫效果评价、产业扶贫风险评估；（2）从新兴领域看，可以将区块链、人工智能、高质量发展等揉进产业扶贫研究中；（3）从不同的视角看，可以结合扶贫时间的限制层面。到了2020年之后，我们还可以去研究其他方面，比如产业扶贫脱贫后的返贫情况，从产业扶贫到产业致富乃至乡村振兴等。

二、热点潜在风险无须担忧，这里有不外传的诀窍

除了热点，大家都还有自己常关注的研究领域，这里我称之为“常态点”。如前文所谈及的，追逐热点或者过度聚焦热点会产生很多潜在的风险与弊端，那么我们就需要学会如何化解这些潜在的风险，甚至化风险为机会。

（一）两种思维，平衡推进

我个人的观点是“坚持热点与常态点两手抓、两手都要硬”的原则。热点与常态点应该是我们日常科研工作的两条研究主线，如果精力与时间允许，也可以同时关注两个热点，但是这样会比较困难。当然在这里我不是指同时撰写热点与常态点的论文，毕竟没有什么关联性的主题很难同时撰写。热点与常态点的论文可以在一个固定的时间周期内，按照平衡的进度向前推进。因为我们在撰写论文的时候，如果长久不关注某个选题，不查阅相关的论文，就会与外界产生疏离，此时进行论文撰写，会遇到一定的障碍。

（二）双线研究，相互补充

一条良性的科研成长道路，是热点研究与常态点研究相互交叉，如果热点与常态点是两个完全不相关或者没有任何交集的领域，我们就会像在两条

平行的道路上前行，会特别的艰难，因为我们分身乏术。所以，热点研究与常态点研究需要形成相互补充、相互融合、相互支撑的状态。

（三）以“常”为核，以“热”为叶

在权衡热点与常态点的关系时，虽然两者都需要重视，但是也会有一个轻重之分。我们要坚持“以常为核，以热为叶”的思维。热点之所以是热点，是因为它存在发展变化的情况。常态点多是我们长久积累形成的领域，也是我们学术研究的主体。所以，常态点应该是我们日常科研工作的核心与重心。

在处理热点与常态点的关系时，尤其在热点研究过程中，我们尽量不要偏离常态点太远，如果能将热点研究围绕或服务于常态点，就能形成集群效应。

虽然我介绍了追热点的很多好处，但是大家也不要一味地只追热点，更不要有随时随刻追逐热点的心态。所以，在平衡热点与常态点时，切记不要过度追踪热点，随着主流热点的变化而变换自己的研究方向，这样既偏离了常态点领域，也将自己有限的时间与精力过度分散，形成多个甚至很多个研究方向，这是科研一大忌。如果我们过度追逐热点，根据以前热点研究的策略的确可以产出各个热点的论文，但是我们梳理一下就会发现，论文虽多，但是过度分散，东一榔头西一棒槌，这样研究不聚焦，就无法形成合力，在依托我们的研究成果申报课题时，凸显不出自己的前期成果，专家们看到这种论文过于分散的情况，也会质疑我们的科研基础。

（四）化热点为常态点

如何平衡热点与常态点这个话题，或者说如何看待追热点，我以前和同行有过较多的交流。我们的一些观点存在相同的地方，也有一些分歧。我赞成追热点，但同时也不能放弃自己的常态点。我读硕士的时候，一个长江学者级的老师说自己有两三个研究领域，会尽量把研究面扩大一点，这样会出

更多成果。所以，我认为热点与常态点不存在矛盾的地方。当然具体如何平衡，每个人会形成自己的经验与特点。我认为把热点转化为自己的常态点，应该是一个比较好的解决方案，既是追热点的最高境界，也是处理热点研究与常态点研究的最高境界。

第四章

掌握这些内容，你的文献检索及阅读能力将极大提升

我们学术能力的敌人往往来自自身，既包括方法与技巧，更包括理念与行动。理念决定了我们的行动方向，行动让方法与技巧成为了实现的可能，方法与技巧则是锦上添花的措施。跟大家分享一个心得：学术能力提升的基本功在于知道从哪里获取文献、读哪些文献、如何读懂这些文献。

很多朋友，拿到一些选题，发现肚里没货，无法快速有效地撰写。读文献，看似很简单，但也很难。能否读对的文献、用对的方法读文献，这会影响到大家的学习效率与学习质量。有些初入行的朋友们，读了很多的文献，发现还不如不读，这是因为没有读到合适的文献；还有很多朋友们，不知道从哪里检索、下载这些文献，下载的文献质量偏低、匹配度不高，浪费了时间与精力不说，还对论文写作造成了误导，甚至被引上了一个错的方向。

01 没有人比我更耐心教你从何处寻找有用的文献

学术论文撰写的第一步是阅读文献，阅读文献的前提是要了解、熟悉文献，更要知道该从哪里寻找和下载有用、有价值的文献。假如我们尚未掌握寻找有用文献的能力，即使下载了很多文献，也阅读了这些文献，仍然无法写出高质量的学术论文。这就陷入了一种恶性循环，所以，学习寻找有价值文献的方法，就显得格外重要。

一、文献的类型有很多种，该如何选择

绝大多数的学术论文都需要参考文献，学术论文的撰写更需要我们阅读很多文献来支撑。关于文献的类型，很多人都会直接联想到期刊论文、学术专著这两种撰写学术论文时最常用的文献。不过，还有许多其他类型的文献也需要我们关注与阅读，它们也是撰写学术论文时需要参考或引用的，只是使用频率要略低于前面两种。比较期刊论文与学术专著，我们撰写论文查阅及引用更多的是期刊论文。学术论文需要研究的问题多处于一个领域的最前沿，无论在教材还是在学术专著上都很难查到，只有在最新发表的论文中才能觅得踪影。学术专著更偏向于系统而详细地介绍一个话题或主题，成书与出版都需要一定的时间，往往在时效性方面不占优势。当然，学术专著可以作为成熟观点或系统理论的来源。由此可见，期刊论文是我们撰写论文时检索、查阅及引用最多的一种文献类型。

至于教材是否能纳入文献的范畴，绝大多数编辑们认为教材不能作为论文的引用文献，不过可以作为某个知识学习、了解与扩展的信息来源。

下面，我给大家介绍一下其他一些常用的文献类型。

首先是学位论文，包括硕士论文与博士论文，建议大家更多阅读与引用博士论文。

其次是报纸文章，这里指的是报纸的理论版或学术性文章，尤其以《人民日报》《光明日报》《经济日报》及各省份日报为主。新闻报道类的板块不建议查阅，更不宜引用，因为这类文章的学术性不强，不符合学术论文的要求。

再次是研究报告，这里指的是行业报告、年度报告或专题报告，比如《中国互联网络发展状况统计报告》《全国未成年人互联网使用情况研究报告》等。

复次是政府文件、报道、政策等，以国家层面的资料尤佳。

最后是网络资讯。网络资讯是我们撰写论文时一种比较不错的信息源，通过它我们可以及时了解实践领域的信息，也符合论文服务于社会实践的趋势。但基于网络资讯学术性较低的原因，这类信息不宜用于论文的引文或参考文献。

当然，我们还可以参考其他一些类型的文献，只是使用频率相对前面的几种更少，在此不再赘述。

我们撰写论文还需要数据的支撑，数据可以分为统计数据、行业数据、企业数据、调研数据。这些数据我们可以从国家统计局及各省市统计局获取，也可以查阅相关的年鉴数据，有的则需要通过一定的关系才能获得。企业数据尤其是内部数据则需要与企业合作，但随着企业对内部数据的重视，其获取难度也增加了不少。还有一种办法，我们可以通过“网络爬虫”程序获取数据，但现在许多网站对这种行为也越来越排斥，所以数据的收集还是需要采用合适的方法。

从语言类型看，上述文献又可以分为中文、英文、日文等，中文使用频率更高，这和我们撰写中文论文的情况相匹配，英文文献的使用频率仅次于中文文献，日文等其他语种的文献比较小众，大多数人可以忽略。

二、一些常用的文献查阅渠道，供大家自选

（一）获取中文期刊文献的渠道

我们来看看期刊文献都可以通过哪些渠道查阅与下载。下面是一些常用的论文查阅及下载网站或方式。

1. 中国知网（CNKI）

网址：https://www.cnki.net/

中国知网资源总库是大家最为熟知的综合性全文数据库，收录包括期刊、博硕士论文、会议论文、报纸、年鉴、引文库、中国经济社会大数据研究平台等学术文献资源，学科含社会科学、自然科学和技术科学。

2. 万方数据知识服务平台

网址：http://www.wanfangdata.com.cn/

万方数据库集期刊论文、学位论文、会议论文和报告、科技报告、专利、标准、科技成果、法规、地方志、视频等十余种知识资源类型，覆盖自然科学、工程技术、医药卫生、农业科学、哲学政法、社会科学、科教文艺等全学科领域。

3. 维普期刊资源整合服务平台

网址：http://www.cqvip.com/

维普数据库涵盖自然科学、工程技术、农业、医药卫生、经济、教育和图书情报等学科的数万余种中文期刊数据资源。

4. 国家哲学社会科学学术期刊数据库

网址：http://www.nssd.cn/

国家哲学社会科学学术期刊数据库，简称“国家期刊库（NSSD）”，是由全国哲学社会科学规划领导小组批准建设，中国社会科学院承建的国家级、开放型、公益性哲学社会科学信息平台。

5. 各大期刊的官网

现在越来越多的期刊纷纷开通官网或微信公众号，也会将每期及过刊的

论文放在上面供大众免费下载。

（二）获取英文期刊文献的渠道

上面是常用的查阅及下载中文期刊论文信息的方式，接下来我告诉大家一些英文文献的获取方式。

1. Web of Science

网址：http://www.webofscience.com/

Web of Science是全球最大、覆盖学科最多的综合性学术信息资源网站。

2. 百度学术

网址：https://xueshu.baidu.com/

百度学术搜索涵盖了各类学术期刊论文、学位论文、会议论文，包括哲学、教育学、经济学、法学、军事学、文学、艺术学、历史学、理学等，数据来源包括万方、知网、维普、爱学术、超星电子图书、掌桥科研、百度文库。

百度学术是我在没有Web of Science账号的情况下经常使用的查阅英文文献的方式，百度学术也有一些使用技巧，后面会给大家稍作介绍。

当然，不管是中文期刊文献还是英文期刊文献，还有其他多种获取渠道，只是平时使用得比较少，在此不再单独列举。

（三）获取著作文献的渠道

对于著作，我不太建议大家为撰写论文而过多查阅，当然这不是说著作不必要或不好，理由前面也略有提及。此处，我只给大家介绍一些经典的、高价值的学术专著的获取方法。在高质量的学术论文的参考文献中，大家能发现有价值的学术专著，尤其是那些引用率很高的学术专著，这些著作才是值得大家阅读与引用的著作文献。

（四）获取学位论文文献的渠道

前面提及的期刊文献获取渠道中，有不少是可以查阅、下载学位论文的，比如中国知网、万方、维普，在此我不再单独细说，但要强调一点——多看博士论文。不过，有一些高校的学位论文并没有进入那些数据系统，比如北京大学和中国人民大学，要想查阅这些学校的学位论文，则需要进入他们的图书馆或校内系统才行。

（五）获取报纸文献的渠道

报纸文献可以通过订阅报纸和到各类图书馆查阅获得，不少报纸也开通了数字途径，比如《人民日报》电子版、人民网等。

（六）获取研究报告的渠道

研究报告可以从原报告发文机构获取，也有不少报告可以从上述数据库查阅。现在的网络资源越来越发达，研究报告还能通过不少网站下载，比如：人大经管论坛、百度文库等。

（七）获取政府文件、报道、政策的渠道

这些文献资料的获取很方便，发文单位级别越高的越可以通过官网来查阅及下载。有的尚未公开发行或对外公开的，则需要通过其他方式获取。还有一些资料，我们可以通过公开发行本、《人民日报》等权威途径获得。

（八）获取网络资讯的渠道

网络资讯的获取方式因人而异，我建议大家养成利用每天的碎片化时间阅读网络资讯的习惯，更建议大家多关注与自己领域或感兴趣的主题相关的微信公众号。

02　为查想要的文献走了很多弯路，原来方法错了

文献检索看似容易，但要想快速而精确地查到自己想要的、需要的文献，也不是一件容易的事情。当然，有一些技巧可以帮我们及时地找到自己需要的文献，也能帮助我们扩展知识面、验证研究想法、探索研究选题。

一、文献检索的基础方法，必须记下来

由于中国知网的使用频率最高，以下的示例如无特殊说明，均以中国知网为例。如图4-1所示，这是中国知网的检索界面。我比较建议使用中国知网的“高级检索”功能，点击图4-1的椭圆框内的“高级检索”即可，便会进入图4-2的界面。

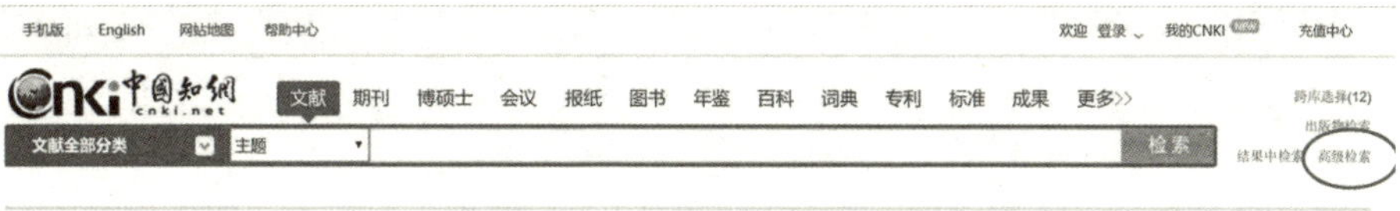

图4-1　中国知网检索界面

文献检索需要一定的检索条件或依据，比如按照“篇名”“主题”“关键词”等检索，还有根据作者姓名、单位以及“文献来源”检索。中国知网根据文献类型设置了检索范围，如“文献”“期刊”“博硕士”“会议”“报纸”等，这几个是常用的选项。进入“高级检索”界面后，默认的范围是“文献”，该范围包括了后面的所有文献类型，如果你想细分获取其他类型的文献，选择对应的类型即可。接下来，我们看一下常用的检索条

件。按照“关键词”检索是最常用的；按照“作者”的检索条件比较适用于想查询知名作者或代表性作者的文献，当出现作者重名的情况时，我们可以结合“作者单位”同时使用；“来源期刊”可以精确查找目标期刊，如《中国社会科学》等。图4-2是“期刊”文献类型的检索界面，此时我们可以发现“来源类别”这一检索条件，它可以通过期刊来源类别选项的设计来扩大或缩小期刊文献检索范围，比如想查找CSSCI期刊文献，选择“CSSCI”即可。

图4-2　中国知网“高级检索”界面示例

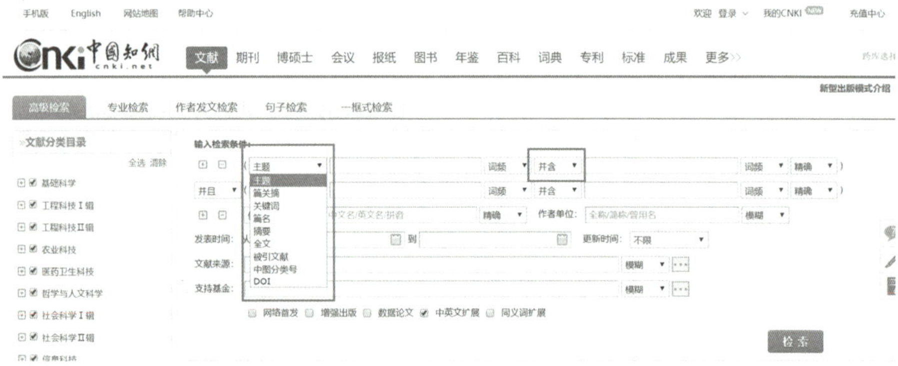

图4-3　中国知网“字段检索”界面示例

当我们想按照一定的字段或名词检索文献时，可以进入图4-3。在检索条件中，分为“主题”“篇关摘”“关键词”“篇名”“摘要”“全文”等选项，同时还有两个字段或名词的选项设计，又分为“并含”“或含”“不含”三种。比如我们想检索包括“跨境电子商务”或“跨境电商”的文献，按照“篇名”检索时，可以选择篇名为“跨境电子商务”，同时选择“或含”检索条件，输入“跨境电商”，便可检索出包括“跨境电子商务”或“跨境电商”的文献。

最后，我给初涉科研的朋友们提供一个查找英文文献的技巧，对于那些没有Web of Science账号的朋友们来说很有用。不是所有的学校都购买了外文数据库，我们也不能因为没有通行证，主动屏蔽英文文献。这次我给大家分享一下在“百度学术”上查找英文文献的技巧，以检索一篇英文文献为例，告诉大家百度学术原来还有这样的好处。比如：检索文章“The drivers and impediments for cross-border e-commerce in the EU”，检索后的界面如图4-4。这里有两个有用的信息，第一个是图中的“全部来源”，第二个是图中的“引用”。我们先看一下“全部来源”，这里有一些能免费下载到该英文文献的来源，大家可以自取所需。特别需要提醒的是，我们查到了英文文献，一定要溯源，找到原始文件出处，再进行复核。

第二个要介绍的是图4-4中的“引用”。点击“引用”，出现图4-5的界面。通过图4-5，我们可以轻松地看到文献的引用格式，这里有三种不同的类型，中文论文最常用的是第一种，当然不同期刊也会有不同的要求。我个人基本是直接复制该论文引用类型到论文的参考文献中，这样就能减少自己一字一字输入的弊端。当然，中国知网也有类似的功能，只是无法像百度学术一次性复制，需要多次复制，比如：“题目、作者”“期刊名称及卷期”“页码”都是分开的，需要查阅者复制组合。不过，百度学术由于自身的一些限制，有时这个引用格式也会出现错误与信息不全的情况，这时就需要查阅者自行复核。

图4–4　百度学术检索英文文献示例

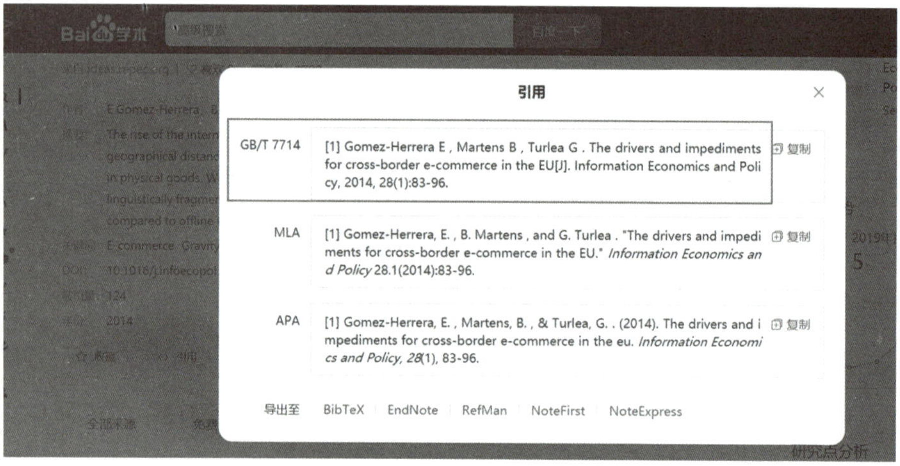

图4–5　百度学术“引用”的示例

二、文献检索的变化方式，超级有用

文献检索有两个大的逻辑，分别适合两类文献检索的需求或目的。第一个检索逻辑是精确度，匹配具有明确需求的文献，尤其是有明确的主题词，想获得与主题词精准相关的文献；第二个检索逻辑是广泛度，匹配需求较为模糊的文献，并没有很精确的主题词，只有一定的文献方向或思路，想通过文献检索加以验证。在文献检索过程中，不同的检索条件设置会得出不同的检索结果。按照精确度看，检索结果排序为：篇名＞关键词＞摘要＞主题＞全文。按照广泛度看，检索结果排序为：全文＞主题＞摘要＞关键词＞篇名。

我再给大家介绍一个文献检索的小技巧，当我们事先并未考虑好两个主题词，但检索完第一个主题词后，又想在检索出的文献中查询同时符合第二个主题词的文献时，按照这个方法就能简单实现。比如我们先检索出“跨境电商”标题的文献，又想在这些文献里将范围缩小到“跨境物流”，即同时包括“跨境电商”与“跨境物流”主题词的文献。这时我们只需在第一个“跨境电商”篇名检索的文献中，再按照“篇名”为“跨境物流”的检索条件进行检索。这里需要特别强调，不能继续点击“检索”选择，要点击“结果中检索”，即可获得我们想要的文献，如图4-6所示。

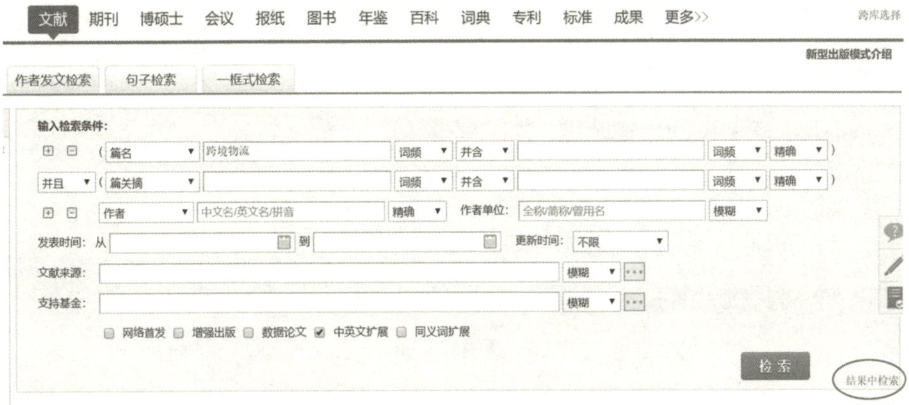

图4-6　中国知网“结果中检索”界面示例

文献检索需要不断地调整、扩大或缩小范围，尤其在进行探索式检索时，调整关键词是非常平常的操作，也是提高文献检索精确度和广泛度的有效方法。常用的方法包括扩充关键词的同义词、近义词、相关词、简称等。比如：检索“公共卫生事件”相关文献时，我们不仅可以直接检索该关键词，还可以检索“新冠肺炎”相关的文献，也可以考虑“新冠肺炎疫情”“新型冠状病毒肺炎”“COVID-19”“coronavirus”等关键词，甚至可以检索“非典”等其他类似的公共卫生事件用词。此外，我们还可以通过考虑关键词的上位词或下位词来扩展文献，比如从“知识产权”到“著作权”。

文献检索时，我们可以结合一些检索逻辑与检索范围扩大或缩小文献检索结果。比如检索到的文献范围比较大时，具体方法有：

（1）更改检索字段，采用更加严格的检索类型，如：“期刊”“博硕士”或“篇名”等。

（2）增加关键词进行限定。

（3）增加“作者”“时间”“文献来源”等限定词。

（4）将关键词改为更明确的下位词。

（5）缩小“文献来源”的范围，如选择“核心期刊”或“CSSCI”。

当文献检索结果较少时，我们同样可以结合检索逻辑与检索范围来扩大文献检索结果，具体方法有：

（1）选择更广的检索范围，如“关键词”“全文”等。

（2）采用“或含”逻辑关系。

（3）去掉非必要的关键词，如：研究、模式、机制等。

（4）将关键词替换为上位词。

（5）扩大“文献来源”的范围，如选择“核心期刊”或“全部期刊”。

三、“小白”如何检索高度相关的经典文献

作为一名学术“小白”，初入科研圈子时，一定很头疼如何才能检索到与自己需求高度相关的经典文献。接下来我分享一些自己常用的技巧，随着我们的经验越来越多，科研知识越来越丰富，就能做到经典文献信手拈来。

我们还是以中国知网为例。中国知网除了上述的一些检索功能外，还可

以通过“相关度”“发表时间”“被引”“下载”等选项来筛选文献。我们以“乡村振兴”关键词进行篇名检索，来源类别选择“CSSCI”，可以得到图4-7的结果。其中，“相关度”按照与关键词匹配度从高到低排序，“发表时间”按照与检索文献的新旧排序，“被引”与“下载”则分别按照检索文献被引率与下载率的多少排序。

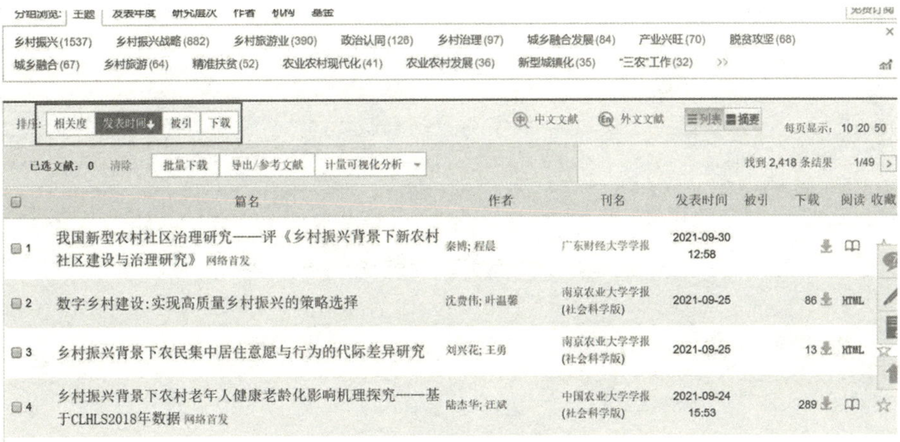

图4-7 中国知网文献检索功能示例

我们还是以上面的“乡村振兴”检索文献为例，建议大家重点关注两个功能选项，第一个是“发表时间”，第二个是“被引”。我们先看“发表时间”，通过点击该选项，能获得最新与最早的文献。查阅最新的文献能帮助我们了解该选题的最新成果与趋势，查阅最早的文献能帮助我们把握该选题的研究脉络与原始出处。一般情况下，较早的文献的下载率与被引率也是比较高的。接下来，我们看一下“被引”选项，点击该选项可以查阅被引率从高到低的排序。如图4-8所示，在图中显示出“乡村振兴”被引率很高的一些文献，这些文献既是我们撰写乡村振兴选题要读的文献，也是我们常引用的文献。从中我们还能发现一些该领域的知名学者与专家，能引导我们再按照作者信息来进行检索。

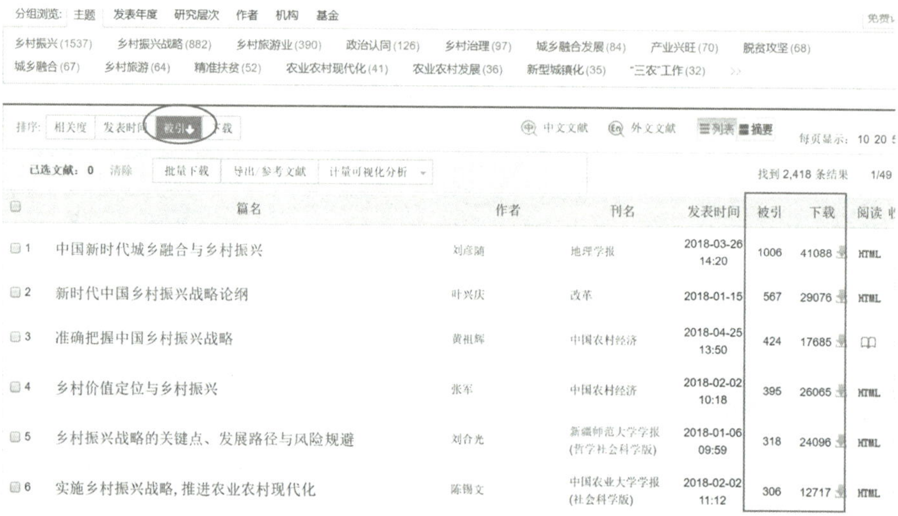

图4-8　中国知网"被引"排序示例

通过前面的检索，我们可以从中挑选出一些不错的文献。那么哪些文献才称得上看起来不错呢？有几个标志供大家参考：（1）匹配度高；（2）引用率高；（3）期刊有名；（4）作者知名。尤其后面两点，需要大家逐渐熟悉自己领域内的知名学者、权威专家、权威期刊，更利于我们检索出经典文献。

在阅读文献时，我们还可以得到另外一些文献检索信息，比如论文中经常提及的、引用的文献，我们可以按图索骥检索查询这些文献。这里我告诉大家一个偷懒的技巧，就是对博士论文、综述性文献进行查阅能帮助我们迅速地总览查阅选题的基本情况与文献资料，所以在检索与阅读文献时，我们最好关注一下要查阅的选题是否有博士论文和综述性论文。不过这种方式也有一个缺点，就是博士论文与综述性论文都不适合全新的话题，因为全新的选题本来也没有多少文献可供参考。

03　不会看、看了忘、不会用？文献阅读是有技巧的

检索到想要的文献只是第一步，但一件令人遗憾的事情也随之而来——很多人把文献束之高阁，最后落得个不想读、不会读、不会用。那么我们费九牛二虎之力查找文献又是为什么呢？我们之所以重视文献的阅读，是因为它有太多的好处，除非我们离开科研圈子，结束自己的学术生涯，否则文献阅读的功夫就必须练好。

一、文献阅读的好处不言而喻

（一）学习理论知识，夯实学术基础

无论是阅读著作还是期刊文献，都能帮助我们提高自己的理论知识水平，尤其是论文写作的支撑理论、理论脉络、写作思路、论文结构、核心观点、论证技巧，夯实我们的学术基础。

（二）扩充知识面，培养学术能力

阅读文献能帮助我们扩充知识面、了解研究领域的前沿。通过文献尤其是期刊论文，我们可以了解最新的研究理论与学术动态，积累研究素材，拓宽研究的广度与深度，培养学术能力。

（三）寻找、检验学术论文的选题

通过文献的阅读，我们能寻找出一些有价值的论文选题与研究方向，找到研究的创新点，为我们学术论文的撰写提供思路。文献阅读还能检验、印证我们预设的一些研究方向和论文选题的思路。

（四）复制、借鉴，提升写作能力

阅读一些高质量的文献，能帮我们学习与积累很多论文写作方法、技巧，进而提升写作能力。写作的第一步是复制，第二步是借鉴，第三步是创新，阅读文献不仅可以借鉴论文的框架、逻辑与思路，还能借鉴论文的用词、语言、资料、素材、模型、数据等。

二、做好文献阅读笔记同样重要

为了做科研、写论文，阅读文献是必须的，但是很多人一读文献就头疼、愁眉苦脸，阅读效率低下，看完就忘，想用时又一筹莫展。要知道，好记性不如烂笔头，我们阅读文献就一定要做好笔记。做好文献阅读笔记，有如下优点：

（一）学会文献筛选，提升阅读能力

我们撰写一篇学术论文，往往要阅读很多篇文献，光是检索、筛选就可能过百篇。但并不是每一篇文献都需要或值得我们做笔记。学习如何做文献阅读笔记，实则是对文献进行另一种形式的筛选。那么多的文献如果逐篇精读、细读，会耗费我们很多的时间与精力，意义并不大。记文献阅读笔记，可以训练我们快速筛选文献，培养我们分辨哪些文献值得读、哪些重点读、哪些需要记下的能力，也利于我们提升文献的阅读能力与阅读效率。

（二）总结论文要点，积累论证素材

通过记录文献阅读笔记，我们能规避单纯阅读后会遗忘的问题，梳理、记忆文献的理论体系、论点、论据及论证思路。已有文献的一些观点、引文、指标、模型、数据也都能成为我们自己撰写论文的素材与资料。

（三）学习写作技巧，提升写作能力

在记录文献阅读笔记时，我们可以把一些有用的、不错的论文题目、结构、标题、用词、语句、图表等信息记在笔记里，长期积累就可以将其内化为我们自己的论文撰写技巧，也能不断提升自己的论文写作能力。

（四）助力文献引用，降低写作难度

即便是记性再好的科研人员，也无法确保对看过的文献都记忆犹新。我们经常会遇到资料与文献似曾相识，好像在哪里见过，但就是想不起来的情况。所以，做好阅读笔记，能帮助我们将需要引用的内容、文献做好备案，用得到的时候，直接把几页的文献阅读笔记重新看一遍，就能理清思路。

三、精读VS泛读，各有利弊

文献阅读可以分为泛读与精读两种，不少初学者偏好精读，每一篇文献都认真读，从头读到尾。

泛读主要是用来对文献进行筛选与鉴别，也就是判断哪些文献对我们论文撰写具有价值。从这个目的出发，我们只需要了解论文选题领域内的大致情况即可，比如它包含了哪些文献，大致用了哪些方法，得出了哪些结论……泛读的阅读方法也十分简便，我们一般就是快速浏览阅读文献的题目、摘要、结论，有时也会阅读论文的其他内容，但也是一目十行。

精读是全面了解论文选题的文献内容，对文献的所有内容进行细致的阅读，甚至要细细揣摩论文的表达方式、语法的运用、词语的使用技巧。

泛读追求文献的广度，精读则追求文献的深度，两者目标不同、用途不同，各有利弊，可以相互结合、相互促进。

四、文献阅读的正确打开步骤

第一步，判断文献阅读的价值。

文献阅读的第一步是文献筛选，我们可以结合前面简述的文献检索方式，经过筛选，找出与论文选题相匹配的文献，下载备存。

在文献检索时，阅读文献的标题、摘要、关键词及期刊来源。期刊来源可以结合前面的检索方式进行筛选。

通过阅读标题，我们能快速地把握这篇论文的大致主题与内容，据此判断

自己是否感兴趣，论文是否有价值。如有，则下载；如无，则放弃。

对于标题合适的文献，我们再阅读论文摘要，重点看摘要的方法、结果与结论。摘要是论文全文的浓缩版，多数文献只需要看摘要即可，少数文献看论文全文。如果摘要也是我们所需要的，则下载备存。

第二步，阅读下载后的论文。

下载后的论文，我们可以再次阅读标题与摘要来辨别它是否有阅读全文的价值，当然重点还是阅读摘要。

我们读完摘要觉得有价值想继续阅读时，可以按照引言、结论、参考文献、论文小标题等顺序来辨别是否需要通读全文。

第三步，重点阅读论文中有价值的信息。

经过上面的筛选，当我们决定要通读全文时，需要注意论文中一些有用的信息。比如论文的框架结构、标题、图表、模型、数据、核心观点，还可以留意论文的引文、论文的语言风格等。

第四步，根据阅读所需做好笔记。

最后，我们将上述有价值的信息记录到文献阅读笔记中，对论文的文件名做备注。这里，说两个我做笔记时的经验，可以供大家参考，如图4-9与图4-10。在图4-9中，我根据文献值得参考的内容进行了标注，比如有的文献会参考理论部分，有的文献参考模型，有的参考指标，有的参考策略。我还曾对文献的文件名做过“重要”“参考”“模仿”“非常重要”等标注。也有人提出根据文献的重要程度在文件名前加001、002、003等编号，这类技巧不拘泥于哪种，适合自己的就是最好的。

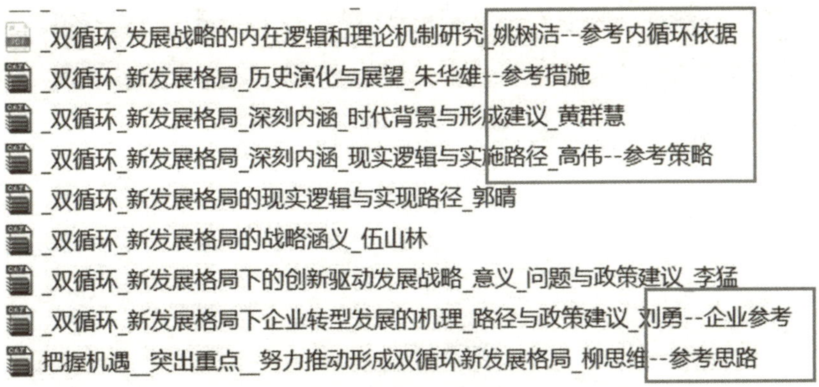
_双循环_发展战略的内在逻辑和理论机制研究_姚树洁--参考内循环依据
_双循环_新发展格局_历史演化与展望_朱华雄--参考措施
_双循环_新发展格局_深刻内涵_时代背景与形成建议_黄群慧
_双循环_新发展格局_深刻内涵_现实逻辑与实施路径_高伟--参考策略
_双循环_新发展格局的现实逻辑与实现路径_郭晴
_双循环_新发展格局的战略涵义_伍山林
_双循环_新发展格局下的创新驱动发展战略_意义_问题与政策建议_李猛
_双循环_新发展格局下企业转型发展的机理_路径与政策建议_刘勇--企业参考
把握机遇__突出重点__努力推动形成双循环新发展格局_柳思维--参考思路

图4-9　文献标题标注梳理

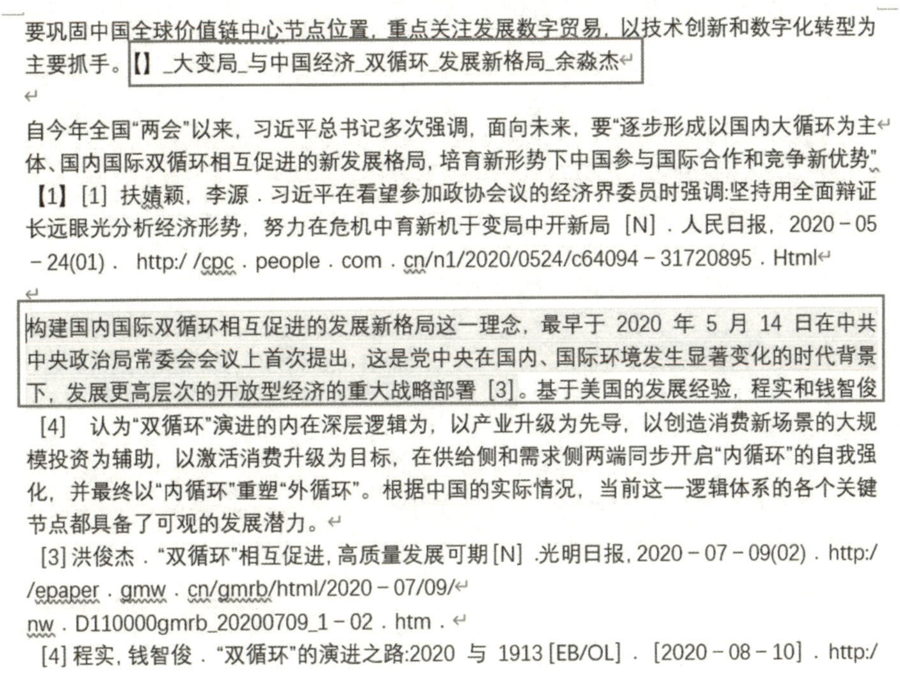
要巩固中国全球价值链中心节点位置，重点关注发展数字贸易，以技术创新和数字化转型为主要抓手。【】_大变局_与中国经济_双循环_发展新格局_余淼杰

自今年全国“两会”以来，习近平总书记多次强调，面向未来，要“逐步形成以国内大循环为主体、国内国际双循环相互促进的新发展格局，培育新形势下中国参与国际合作和竞争新优势”

【1】[1] 扶婧颖，李源．习近平在看望参加政协会议的经济界委员时强调:坚持用全面辩证长远眼光分析经济形势，努力在危机中育新机于变局中开新局［N］．人民日报，2020－05－24(01)． http:/ /cpc．people．com．cn/n1/2020/0524/c64094－31720895．Html

构建国内国际双循环相互促进的发展新格局这一理念，最早于 2020 年 5 月 14 日在中共中央政治局常委会会议上首次提出，这是党中央在国内、国际环境发生显著变化的时代背景下，发展更高层次的开放型经济的重大战略部署［3］。基于美国的发展经验，程实和钱智俊［4］ 认为“双循环”演进的内在深层逻辑为，以产业升级为先导，以创造消费新场景的大规模投资为辅助，以激活消费升级为目标，在供给侧和需求侧两端同步开启“内循环”的自我强化，并最终以“内循环”重塑“外循环”。根据中国的实际情况，当前这一逻辑体系的各个关键节点都具备了可观的发展潜力。

[3] 洪俊杰．“双循环”相互促进，高质量发展可期［N］.光明日报，2020－07－09(02)．http:/ /epaper．gmw．cn/gmrb/html/2020－07/09/
nw．D110000gmrb_20200709_1－02．htm．
[4] 程实，钱智俊．“双循环”的演进之路:2020 与 1913［EB/OL］．［2020－08－10］．http:/

图4-10　文献摘录技巧示例

图4-10是我常用的一些文献摘录技巧，最开始我没有这样做，结果撰写论文用到信息时，经常找不到它来自哪篇文献。后来，每当看到有用的论文信息时，我会直接复制到单独的一个文档中，然后在摘录内容后附上文献来源。后面论文撰写时用到这些内容，就能知道它来自哪篇文献，同时还能清

晰地做好引文和参考文献。如果文档里有很多的文献摘录，我会提前预判，把可能用到的文献用不同颜色标注出来，这也是提醒自己撰写论文时可以直接拿来使用，而不用再对笔记进行重复的筛选。还有一种情况，阅读的文献中有一些引文也有价值，可以拿过来参考或扩展使用时，我们也应对引文的文献进行摘录，这样就能拿过来直接用，而不用等到想用的时候再去查阅原文。

第五步，采用批判的思维去阅读文献。

大家对于文献不能盲目崇拜，有的文献有价值，有的文献可能没价值，所以，批判思维很重要。吾爱吾师，吾更爱真理。文献是我们的老师，但我们也要结合自身需要来择师。

五、一些文献阅读技巧建议

（1）多数文献泛读，少数文献精读。

（2）集中成段时间阅读文献。

（3）做好文献阅读笔记、标注与摘录。

（4）需要引用的文献要溯源。

（5）对于固定主题，建议定期更新文献。

（6）多看权威期刊的文献。

（7）多看领域内专家的文献。

（8）增加阅读量，多看文献。

（9）利用新媒体做好碎片化阅读。

（10）读文献还要注意学习写作技巧。

04　文献引用不可以忽略，这里有不少坑

学术论文的撰写无法回避文献的引用，绝大多数学术论文都需要引用文献，并在论文结构中以参考文献的形式呈现出来。编辑及审稿专家审稿时，一篇投稿论文的参考文献也是审阅的内容之一，由此可见参考文献对于论文的重要性。但不少科研人员常常忽略参考文献，包括对注释不关注，导致论文出现一些缺陷或硬伤，从而降低了论文的质量。

我们在撰写论文时，检索文献不仅要尽量全面，更应该注意引用文献的代表性、可靠性与科学性，在引用文献时更应忠实于文献的原意，不能进行主观的修正或为了研究所需而加工。此外，引用文献及参考文献是不能省略的步骤，极少能有学术论文属于完全意义上的独创，没有任何的文献依据与参考。

一、文献引用的要求与技巧，也不能忽略

（一）文献引用的意义

（1）有助于人们判断这项成果的创新程度和学术价值。

（2）文献引用可以避免重复研究。

（3）文献引用是一些学术评价体系的重要指标，如CSSCI。所以，越来越多的期刊鼓励投稿论文引用近年来期刊发表的文献。

（4）引文有助于读者寻找、查核文献。

（5）引文对于作者也有重要的意义，比如归誉与起源；提供证据和说明；提供背景阅读资料；评价或更正以前的观点。

（二）文献引用的类别

文献引用有四种常用的类别，具体如下：

（1）直接引用：亦称明引，用双引号，多用于主要的论据、不常用或新发现的材料。

（2）间接引用：亦称暗引，指吸收了别人的成果，但用自己的语言表达，多用于原文过长的文献或常识性知识。

（3）转引：指自己未阅读原始文献，只根据二手资料、译文或他人引用的资料加以引用。

（4）自引：引用自己发表的成果，但是自引正面和负面影响皆具，如果过度自引，反而会弄巧成拙。

现实中还有两种引用，编辑在编审投稿的论文时偶有发现，将其称为“漏引”“伪引”。用而未引称为漏引，严重者会被视为抄袭和剽窃；未用而引称为伪引，即并未引用别人的成果但却将该成果列在参考文献中。

（三）文献引用的规则

引用文献时，有一些业内认可的规则，具体如下：

（1）学术引用应体现学术独立和学者尊严。

（2）引用必须尊重作者原意，不可断章取义。

（3）引用观点应尽可能追溯到相关论说的原创者。

（4）引用尽可能保持原貌，如有删减，当注明。

（5）引用以必要为限，不得过度引用，切忌长篇大论引用一两本书。

（6）引用已经发表或出版修订的作品应以最新版为准，除非研究其观点变迁或是考虑特殊版的特殊价值。

（7）引用未发表的作品须征得作者或相关著作权人的同意。

（8）引用应有明显的标志，以免读者误会。

（9）引用不能引而不用，不选而引。

（10）不能用而不引。

（11）引文以正式或审核过的文献为主。

（12）引自中译本，不得注明外文原版。

（13）间接引文也应列入参考文献中，并注明出处。

（14）引用电子文献、网络资料应慎重。

（15）不得过度自引。

（四）参考文献格式

参考文献的著录应执行《信息与文献　参考文献著录规则》（GB/T7714–2015），采用顺序编码制，在引文处按论文中引用文献出现的先后以阿拉伯数字连续编码，序号置于方括号内。各种参考文献的类型采用以下的单字母方式标识：

（1）文献类型及标志代码：专著[M]、论文集[C]、报纸文章[N]、期刊文章[J]、学位论文[D]、报告[R]、标准[S]、专利[P]、数据库[DB]、电子公告[EB]。

（2）电子文献载体及标志代码：磁带[MT]、磁盘[DK]、光盘[CD]、联机网络[OL]、电子期刊[J/OL]。

二、文献引用的一些禁忌要高度重视

文献引用有一些禁忌，论文撰写如需引用文献，尽量不要去触碰这些禁忌，具体如下：

（1）不到万不得已不要转引，一定要亲自核实原始文献和原始出处。

（2）不要只关注近年来的研究成果。

（3）我们更多引用的是当下名家学者的著述，许多有启示意义或提供了宝贵学术资料乃至见证历史的上佳之作，随着时间的流逝却湮灭在故纸堆中。故而，在一定条件下，我们也可以引用一些年代久远的学术资料。

（4）尽量不使用二手文献做研究。

（5）尽量不要引用国人介绍外国的著述，对于国外学者研究中国的成果也要仔细鉴别。

（6）优先引用论文而不是著作。

（7）不要过于依赖中文论文，要尽量去搜集年鉴、公报、报纸、新闻、法规中更加原始的素材和现象。

三、除了引用，论文还有注释，也不能忽略

（一）什么是注释

注释也叫注解、注文，是用简洁的文字解释和说明文献中特定的部分，一般包括题名注、作者注、文献注、术语注、论据注等。注释一般排印在地脚（脚注）或文末（尾注），还有一种是夹注（引文后直接注明）。

（二）注释和引文的区别

（1）功能不同：注释是对某个材料的解释说明，引文是论文观点或支撑资料的依据，但是两者都需要提供文献出处。

（2）形式不同：注释通常需要标明出处和所引内容的具体页码，引文则不要求，除非是论文在期刊中的起止页码或论文在论文集中的起止页码；注释有四个部分，即作者、著作名、版本、页码，参考文献有三个部分，即作者、著作名、版本信息。

（3）位置不同：一般情况下，注释多以脚注形式出现在当页，引文多出现在论文最后。当然，它们在论文中的位置也不是绝对的，都需要根据期刊的要求而定。

（4）符号不同：注释的符号多采用“①”，引文的符号多采用“[1]”。

第五章

这些论文标题，会让编辑眼前一亮

俗话说“题好文一半”。标题是论文的眼睛，是对论文精华的概括，也是连接论文和读者的桥梁。标题是论文呈现给读者的第一印象，不仅影响编辑用稿取舍、读者阅读选择，还在论文的发表、检索、下载、阅读和被引用过程中起着重要作用。由此可见标题在论文中的分量，取一个恰当的论文标题是多么的重要。

01 我在审稿时，首先看的就是投稿论文题目

论文的标题是期刊编辑与审稿专家对论文首先关注的地方。好的标题会给人眼前一亮的感觉，通过标题，编辑与审稿专家对论文会有一个初步的印象，这个印象会影响到编辑与审稿专家对论文的审稿结果，尤其在期刊编辑部初审阶段。编辑每天都会收到不少稿件，期刊级别越高投稿数量越多，编辑每月初审论文的数量十分庞大，很多都无法通过初审，甚至编辑看到论文题目就可以判定是否让该论文通过。在审稿时，由于每天都会收到很多的投稿，所以很少有编辑会对每一篇投稿论文从头到尾仔细阅读。编辑们审阅投稿论文的顺序大致会是题目、作者、摘要、引言、结论、参考文献。如果看完这些认为论文有价值，才会看一下论文框架，甚至从头到尾细读一遍。从这里可以看出，编辑对论文的接受程度与标题紧密相关，所以我们切不可小觑标题的重要性。

论文的标题非常重要，遗憾的是，很多作者对于论文结构和内容的撰写十分关注，但在论文标题的设计上却非常随意，也不了解标题设计的一些基本规则与要求。这样的疏漏不仅体现在论文的题目上，也体现在论文中的各级标题上，导致论文标题存在很多的问题。由于论文的专业性较强，不少编辑在审稿时感到难以置喙，初审时标题往往扮演了极其重要的角色。我与编辑同行交流时，大家差不多都提出了标题的重要性，会根据论文标题过滤掉50%的投稿论文。因此，我有必要给大家讲解关于论文标题的知识与注意事项，旨在帮助大家规避论文标题的一些硬伤与不足，进而提升论文标题的质量，增加投稿论文在编辑初审时顺利通过的概率。

一、论文标题的几种类型

论文标题主要涉及三类，分别是大标题、副标题与小标题，其中大标题与副标题指的是论文的题目，小标题指论文正文中的各层级标题。

我们首先看论文的大标题。大标题是论文总体内容的体现，也是对论文内容的高度总结，通过大标题别人就能了解论文论述的主题。所以大标题必须恰当、合适、清晰地表述出论文内容且做到精练、醒目、有特点。常见的大标题设计方式需要展示出论文的关键研究要点，包括主要观点、研究对象、研究内容、研究方法或研究目的，具体内容也会根据不同类型的论文及作者的使用习惯而定。比如《乡村振兴中的数字赋能及实现途径》。透过这个标题，我们就了解到该篇论文论述的是乡村振兴中的数字赋能问题。

其次看论文的副标题。副标题是对论文大标题的补充、说明、强调，比如研究范围的界定、研究方法的说明、研究数据的介绍、论文的侧重面、研究视角的提出等。副标题是为论文大标题服务的，与大标题存在一定的逻辑关系。不是每篇论文都需要副标题，所以说副标题并非论文的必备，需要根据论文的具体论证来决定。比如《民族地区脱贫攻坚与乡村振兴有效衔接的文化路径——基于一个少数民族村寨的文化扶贫实践》，这篇论文的副标题就是对大标题的一个补充，旨在突出论文研究的支撑点。

最后看论文的小标题。小标题设计的主要目的是为了清晰地显示出论文的层次、逻辑与论证思路。小标题的设计，能使论文逻辑清晰、层次分明、阅读便利。小标题是每篇学术论文必备的，也会根据论文论证的需求分层设计，如一级标题、二级标题、三级标题等。小标题的设计是服务于论文大标题的，不同层级的小标题也服务于上一层标题，这样就形成了围绕论文大标题的层层分解，也反映出作者的论文撰写思路。

二、标题设计容易踩的那些“雷”

（一）标题设计模糊，论文主题不突出

一个好的标题，尤其是论文的大标题应该提纲挈领，能清晰地表达出论文的主题，所以好的论文标题要尽量做到直截了当、言简意赅，切忌模棱两可、语义不清，有的论文标题太长，显出臃肿。一般而言，一篇论文的大标题不宜超过25个字，也有的期刊要求论文标题不宜超过20个字。当然，具体的字数，许多期刊也没有严格的限制，只是标题太长，读起来会让人感觉费劲，也会影响论文主题的阐述。当遇到论文内容阐述的需要导致论文标题太长时，我们可以采用大标题与副标题相结合的处理方式。比如一篇论文的标题为“西方经济学流派对宏观经济学的微观基础问题的辨析探究”，从题目看是论述不同的西方经济学流派关于宏观经济学里的微观基础问题如何进行辨析，但仅从论文标题看涉及的主题词就比较多，而且读起来也比较绕口，进而就削弱了论文标题的可读性及其与主题的匹配性。

（二）核心词过多，冲淡论文主题

一篇论文标题往往包含论文最核心的关键词，可以是一个，也可以是多个，但是关键词又不宜过多，一个挺好，两个也行，三个尚可，如果超过三个，那么论文到底研究什么就非常难把握了。而且如果论文提出的概念太多，通篇很可能就是在解释概念，实质性的内容就被冲淡了。如上面那篇论文的示例，题目中关键词有四个，分别是“西方经济学流派”“宏观经济学”“微观基础问题”和“辨析”，这样的标题读起来自然就很费劲。

（三）标题设计太大，论文论证不够

有的论文标题很宽泛，题目设计范围太大，导致一篇几千字、一两万字篇幅的论文无法论证清楚，更适合用一个研究生毕业论文的篇幅论证或者用一篇学术专著论述。这类题目容易导致内容与标题不符，论文内容小于标题。比如有一篇论文的标题为“中小商业银行发展战略研究”，从题目看该篇论文是论证中小商业银行的发展战略，但是不仅发展战略很宏大，而且将

中小商业银行作为研究对象也比较宽泛，仅以一篇学术论文的体量和字数，是无法有效、充分地论证清晰这个主题的。

（四）标题过于花哨，论文学术性不强

论文不同于新闻报道、文艺作品，既需要具有一定的写作规范，还需要凸显出学术性。有一些论文为了抓人眼球，使用了一些过度“时髦”或花里胡哨的题目，从而导致论文的学术性与规范性削弱。比如这样的论文，就会造成题目过于非学术化——《传承文化，让企业走得更远》《服务“双循环”保险业机遇多》《稳岗就业，一个也不能少》。

（五）大标题与小标题重合，冲淡论文逻辑

论文的大标题与小标题之间应该是一种从属关系，大标题应该包含小标题，小标题应该在大标题的范围内设计。大标题与小标题犹如树干与枝丫，脉络要清晰。论文比较忌讳标题设计主次不分、层级不明。这种类型的“雷”容易被一些初入科研圈的朋友们踩到。

（六）常用标题用词的不当使用

标题中有一些常用词语，如“基于”“视域”“背景下”等，这些词常用来界定论文的属性或者论证的约束条件，但应该适当使用，还应该注意这些词语搭配使用的正确性。还有一些词其实不适用于论文的标题，比如“浅析”“浅论”“试论”等谦辞以及“关于……的思考”“……之我见”等闲词。

02 论文题目是分三六九等的，别让自己的题目太低端

一个好的标题，应兼顾专业性与可读性。标题需要体现通篇论文的核心关键词、主题词，透过标题能把握住该论文的核心关注点；标题需要具备阅读美感，尽量做到增一词则臃肿、减一词则欠缺的状态；标题应该避免口水词、无效词、重复词、歧义词、低端词。

根据我们的成长轨迹来看，标题撰写的功力也在不断成长，犹如我们从小学读到高中再读到大学一般。宏观上看，我个人把标题撰写水平划分为三个阶段，当然这并非明确的、通用的划分方法，仅是我个人的一种戏称。即：标题的小学生水平、标题的中学生水平与标题的大学生水平。接下来，我逐一分析这三种状态。

一、标题的小学生水平

小学生水平常体现在本科生、部分初入科研圈的“小白”当中，个别存在于不在意科研技能力塑造的科研人员，极个别存在于某些名家、名人中间（该类群体不细谈，毕竟这个群体不用在意或拘泥于标题）。

小学生水平的标题常用词包括但不限于：试论、浅论、浅析、小议、××之我见……

我随机从中国知网中找了几个小学生水平标题的例子，仅做示例而已，如有雷同纯属巧合。这些题目多见于一些普通期刊甚至业内不被推荐的期刊中。

示例1：浅谈新营销时代下如何打好消费扶贫攻坚战。

示例2：浅析乡村旅游的扶贫创新模式。

示例3：幼儿园弹性作息策略探究之我见。

在此，我稍微总结了一下小学生水平标题的特点，即：缺乏学理性，缺乏阅读性，缺乏专业性。

二、标题的中学生水平

中学生水平常体现在步入科研学术圈多年，具有一定的学术功底与积累的同行中，也存在于一些科研“小白”身上。中学生水平的标题也是最常用和最常见的，是我们每个人写论文经常想到的与用到的。这里我并非是说该水平的标题不能用或不好，毕竟一些内容想破陈出新还是比较困难的。这一水平的标题中规中矩，但尚未到达到美好的状态。

中学生水平的标题常用词包括但不限于基于……×××背景下，以×××为例，×××的评价/分析/问题等。

我同样随机从中国知网中找了几个中学生水平标题的例子，也是仅做示例而已。这些题目多见于核心期刊与普通期刊，也常见于CSSCI期刊，总之就是目前最普遍的标题。

示例4：基于DEA对安徽省贫困县财政扶贫绩效的评价。

示例5：扶贫攻坚中道路交通的重要性分析。

示例6：巧家县扶贫工作的难点和对策。

示例7：基于“保险+期货+银行”模式下的农村金融扶贫研究。

在此，我稍微总结一下中学生水平标题的特点，即：范式较规范，有核心主题，表述中规中矩且较为平庸，缺少亮点。

三、标题的大学生水平

大学生水平的标题可以说是科研追求的“较高境界”，也是我们经历了一定学术积累与沉淀，并刻意去努力达到的状态。该水平的标题属于学术性与可读性的完美融合，是我们每一位科研人员应该去努力追求的目标。这一类标题在初看时就能让人眼前一亮，也能抓住我们的眼球，让我们在众多论文中停留更久，被勾起了往下阅读的兴趣，至少避免了论文第一眼即被丢弃的可能。

经过初步总结与归纳，我对大学生水平的论文进行了如下细分：

（一）核心词闪亮突出，能展现研究思路

示例8：中国对外开放：理念、进程与逻辑。

初看题目，能掌握该文讲述的是“中国对外开放”，论文主要包括对外开放的理念、进程与逻辑。通过题目我们就能比较清晰地对论文产生一个印象与解读。

（二）巧用术语衬托研究观点

示例9：“制度”如何成了“制度史”。

示例10：发起与感知：协同创新中议题营销的作用。

在示例9中，巧用了“制度”与“制度史”，并将其进行了关联，引发了读者的兴趣。

在示例10中，标题紧扣议题营销，强调协同创新的分析范畴，并以“发起”与“感知”两个关键词，将前面的议题与范畴进行了关联。

（三）眼球效应

示例11：问询函监管与大股东“掏空”——来自沪深交易所年报问询的证据。

示例12：流言招来的“是非”：股市传闻与盈余价值相关性。

示例13：以邻为壑还是以邻为伴——环境规制执行互动与城市生产率增长。

示例14：中国真的承担了更少的碳减排任务吗?

示例15：“扶上马、送一程”：家族企业代际传承中的战略变革与父爱主义。

示例16：年报语调与内部人交易："表里如一"还是"口是心非"？

这一类标题，巧用一些词语，起到引人注意的效果，当然又不乏核心观点或主题效应。在学习这一类标题时，我们应该刻意去打磨题目，但不能邯郸学步，弄巧成拙。

最后，我和大家交流一下标题中的标点问题。标题中可以用到引号、叹号、问号、破折号等，也有多种符号的混用。所有涉及标点符号的使用，都应服务于标题，应有特殊的意义，比如强调作用、假设作用、反问作用、对比作用等。

03 审过几千篇论文，才能总结出题目拟定的这些要点

从我多年审稿经历来看，许多论文的题目存在太多的不妥之处。题目是一篇论文的眼睛，也是编辑、审稿专家、读者最先接触到的论文元素。论文题目撰写也是有一些方法与技巧的，有很多需要注意的要点。为了给大家一个更好的借鉴与学习的思路，结合多年的审稿经验，我总结了题目拟定的一些注意事项和具体建议。

一、题目拟定的注意事项

（一）语义笼统的词少用

比如《新媒体研究》，这样的题目就会让人觉得模棱两可，不知所云。但如果我们这样处理，就能达到更好的效果——《新媒体：概念辨析》。

（二）用处不大的词少用

比如《政策与文化因素组态效应对企业创新的影响——一项基于fsQCA方法的研究》，此论文的标题中“一项”和“研究”其实是实际用处较低的词语，因为它们的使用并不能增添任何有意义与价值的信息，反而显得臃肿与啰唆，去掉它们也不会对题目的含义有任何影响。尤其是“研究”一词已经被用滥，检索中国知网发现，使用“研究”一词的论文题目多达190多万个。而“研究”一词更不能应用在小标题上。

（三）高度相似的题目少用

高度相似的题目更多会出现在副标题上，也会出现在一些大标题的限定词上。前者如《×××：一项×××研究》《×××——来自×××的证

据》《×××——一个有调节的中介模型》《×××：一个文献综述》；后者如《基于×××视角×××》《×××背景下/视域下×××》《基于×××方法×××》《基于×××模型×××》。这类论文题目虽然具有一定的意义，但是除了一两个核心词，其他部分都一样，也十分不妥。尤其当这类标题太多时，就会造成审稿者的一些心理阴影与逆反效应。

（四）问题假设类的题目少用

比如《对银行排队问题的现状调查及应对策略》，这样的题目提前预设了银行排队会存在问题，显然是不合适的。现状调查类研究会依据调查结果提出相应的建议或措施，但如果我们提前进行了一些假设，当调查发现没有问题，或者问题与预设不符时，就会出现大问题。

（五）缩写或简称类的题目少用

除了学科内常用的或者已经公知公用的缩略语和简称外，其他缩写语或简称不宜使用在题目中，否则会造成读者阅读困难的情况。

二、题目拟定的具体建议

接下来，我分别针对论文题目及正文的小标题提出一些具体的使用建议。先看论文题目，具体如下：

（一）“研究”一词使用多余

“研究”在论文题目中多存在于题尾，其次存在于题中，较少存在于题首，尤其在经管社科论文领域，多如此表现。在自然科学领域，“研究”出现在题首的情况要多于经管社科领域。

“研究”一词出现在题中的情况不属于烦琐使用。题尾使用“研究”一词，则题目会显得不简洁，有时还会出现“的研究”，这时“研究”和“的研究”是可以删掉的。比如《债务期限结构与高质量审计——基于公司治理视角的研究》《国家审计促进乡村振兴政策落实的研究——基于功能定位和实现路径的视角》《平台垄断的专车和顺风车服务定价策略研究》《消费者失望厌恶下全渠道零售商退货策略研究》等。

“研究”或“的研究”几乎成为论文题目的万能词汇。但当删掉这些词语时，我们会发现题目依旧读得通。因此，论文大标题加上“研究”或“的研究”有些画蛇添足之嫌，也显得不够精练。

（二）“关于……的研究，关于……的调查，关于……的探讨”等，用词累赘

类似《关于×××的研究》《关于×××的调研》《关于×××的探讨》等论文题目，不仅使论文标题过长，显得啰唆且不简洁，而且学术性也被削弱不少。比如《关于后疫情时代我国个体工商户现状的调研及对策分析》《关于城郊乡村发展旅游民宿业的调查与思考——以北京市房山区黄山店村为例》《关于如何优化房地产企业成本核算的研究》《关于会计师事务所审计风险的防控策略探讨》等，论文题目中去掉这些累赘的文字，不仅不影响语义的表达，更显得论文简洁、精练。

（三）虚词滥用、位置不当、实词缺失等情况

论文题目还会出现滥用虚词、缺少实词或者词语位置使用不当的情况，这样会导致论文题目缺乏连贯性，读起来显得别扭，也会有语义不通的嫌疑。比如《关于××××》《对×××》，这类题目中虚词是可以去掉的；还有《×××的背景下×××》，这个“的”也是可以去掉的；《关于茶文化旅游与茶业经济发展策略的探讨》，“关于”和“的探讨”都可以去掉。这些词语的使用，影响了论文题目的可读性，使得题目缺少了阅读美感。

小标题的设计受限于论文题目或上级标题，其范围不能大于、等于论文题目或上级标题，更不能直接重复论文题目或上级标题，这已在前面有所提及。关于小标题的设计，我会在后续章节的“论文标题美”中详细阐述，此处只给大家介绍论文的小标题层级数量。小标题的层级设计可以凸显论文的论证逻辑与结构，单就一篇论文而言，小标题的层级设计不宜过多。虽然有人提出，论文的逻辑层次最多可以分为五层，但我们在实际的写作过程中一

般写到三级标题或四级标题为最佳。如果出现用到五级标题的情况，则不太可能在每一大章节中都使用五级标题，最多在一至两个大章节中使用，因为这种情况容易使论文框架产生冗余之感。当论文中确实需要使用到第五级结构时，第五级不建议使用标题形式，可以使用“首先，其次，再次，复次，最后”“第一，第二，第三”等分段词。此外，论文标题的末尾不要出现句号。论文标题序号常使用以下两类，即：

第一类：“一、”“（一）”“1.”“（1）”。

第二类：“1”“1.1”“1.1.1”“1.1.1.1”。

04 这些"亮瞎"编辑眼睛的论文范例都是可以学习的对象

本节重点为大家介绍几种论文标题设计的范例，这些都是我在编审过程中或者在文献阅读过程中发现的，感觉不错的例子。个别范式在第二章中略有提及，这里会更加详细地为大家介绍。成功的第一步是复制，这些范例大家可以直接拿走，并将它们应用到自己的论文写作中。

一、A与B式

这类大标题看似很普通，但仔细琢磨起来还是挺不错的。透过这个标题范式，我们能直截了当地判断出论文的论证内容。在这类标题中，更多是用A作为影响因素来分析B，即：A是核心解释变量，B是被解释变量。

示例17：家族化管理与审计师风险决策。

示例18：人才安居政策与企业技术创新。

示例19：限购政策的空间溢出与土地资源配置效率。

示例20：社会信任与会计信息可比性。

二、A对B式

这类标题的含义更加直观，主要分析A对B的关系。很多情况下，此类标题还有一些标志性的后缀，如《A对B×××的影响》《A对B×××的作用》《A对B×××的机制》等。

示例21：非正式审计团队对审计质量的影响：规模至上还是质量优先？

示例22：汇率波动对外债可持续性影响研究。

示例23：移动支付对中国农村消费影响研究。

示例24：环境政策工具对改善环境质量的作用研究——基于2001—2012年中国省际面板数据的分析。

示例25：知识产权对经济增长作用的实证研究。

示例26：公众对存款保险制度的信任机制研究——基于金融素养、风险感知及价值感知的链式影响。

示例27：金融去杠杆下商业银行对小微企业信贷配给的机制分析。

三、A：B式

在“A：B”式标题中，A多是话题或主题词，B多是对A的说明或补充，也存在A与B逻辑互换的情况，只是这种情况不多。根据冒号前后的关系，我们又可将此类标题分为以下几种情况：

（一）判断关系

A为主题，B起宾语作用，是一种主谓组合，冒号相当于“是”。

示例28：公共管理转型：协作性公共管理的兴起。

示例29：现代货币理论：“萧条经济学”复兴的“第四波”。

（二）补充关系

A是主题，B是对A的补充，又可分为三种类型，即：

（1）偏正结构。A是主题，B是研究的具体问题，冒号相当于“的”。这类标题又占据补充关系类标题的大部分。

示例30：技术进步与就业：特征事实、作用机制与研究展望。

示例31：审计“免疫系统”论：演进过程、作用机理与实现路径。

（2）目的补充。B说明A的目的，此类标题不多。

示例32：强化职工权利与作用：企业完善治理与和谐发展的一个关键。

示例33：中国居民房产税影响：宏观效应和收入差距。

（3）内容补充。A常用来表达论文的主要观点，并且用到了一些抓眼球的词语；B主要是论文研究的具体内容。此类标题也存在A与B位置互换的情况。

示例34：“做强做优做大”：国有企业改革理论与实践的逻辑统一——我国国有企业发展历程与展望。

示例35：共生抑或迭代：再议跨境电子商务与全球数字贸易。

示例36：政府审计对预算违规的作用：抑制还是诱导——基于中央部门预算执行审计数据的实证研究。

示例37：金融对冲与多元化经营对冲比较：替代抑或互补——基于“经济政策不确定性”暴露的研究。

（三）限定关系

此类标题中，A一般为主题，B则是从研究方法、研究模型、研究视角、支撑理论、数据资料、研究范围等方面加以限定说明。此类标题的使用也较为常见，根据B所扮演的角色，此类标题又可以分为以下几种：

（1）研究视角的限定。

示例38：中国国有企业的独特作用：基于知识溢出的视角。

示例39：中国特色社会主义的人口规律和人口政策取向——基于全面二孩政策效果的分析。

（2）支撑理论的限定。

示例40：国家作用与中国的工业化道路：一个新李斯特主义的解读。

示例41：价值理论的发展：从李嘉图到马克思。

（3）研究内容的限定。

示例42：全球价值链“互联网+”连接机理研究：态势演进与位势跃升。

示例43：中国创新型货币政策如何发挥作用：抵押品渠道。

（4）研究范围的限定。

示例44：基于降低交易费用的排污制度安排：政府的作用与边界。

示例45：回到马克思：对生产力—生产方式—生产关系原理再解读。

（5）研究方法的限定。

示例46：清代中后期江南市场整合的动态变化及其解释——基于多变量DCC-GARCH模型的分析。

示例47：中日韩FTA战略比较与高水平合作前景：基于规则文本深度和质量的研究。

（6）数据资料的限定。

示例48：环境规制推动了工业部门的要素修正吗——来自中国工业企业微观数据的经验证据。

示例49：我国城乡老龄健康：子女的作用有多大——基于CHNS数据的实证研究。

（7）研究时空的限定。

示例50：论马克思主义政治经济学中国化的历史与经验：1949—2019。

示例51：西部山区县电商扶贫路径研究：以陕西凤县为例。

（8）研究方式的限定。

示例52：平台市场的公共监管、私人监管与协同监管：一个对比研究。

示例53：学术期刊新媒介应用研究：一个文献综述。

四、A、B、C式

这类的标题略显复杂，主要论证三个关键词的关系，论文更多是实证类论文，又根据A、B和C三个关键词角色不同，分为几种：（1）两个解释变量与一个被解释变量；（2）一个核心解释变量、一个中介变量和一个被解释变量；（3）一个核心解释变量、一个工具变量和一个被解释变量。

示例54：金融资产配置、金融杠杆与现金流风险。

示例55：创新空间扩散、集聚租金与经济高质量发展。

示例56：内部控制评价、审计师监督与股价崩盘风险——“治理观”抑或“机会观”。

示例57：政府审计、公款消费与费用操纵。

示例58：数字经济、产业集聚与区域电子商务创新效率。

五、特殊符号式

如前面章节所述，题目中可以采用引号、叹号、问号、破折号等，也有多种符号的混用。所有标点符号的使用，都应服务于标题，应有特殊的意义或作用，如：强调作用、假设作用、反问作用、对比作用等。标题中的引号多是强调或说明；破折号多是起到说明或限定作用，如同上面的冒号；叹号类的标题使用极少。因此，这三类不再单独阐述，这里重点给大家分享问号类型。

有一些题目采用了问号式的标题，这类标题不仅可以吸引编辑、审稿专家及读者的注意力，还能起到引发思考、讨论的效果。这类标题的常用格式为“A是否（会）影响（提供/促进/刺激/限制等）B（吗）？”如：

示例59：分析师跟踪会促进企业技术创新吗？——以中小板企业为例。

示例60：关键审计事项影响公司债券信用评级吗？——基于结论性评价视角。

示例61：诉讼风险如何影响事务所低价揽客经济后果？——来自公司盈余管理的经验证据。

当然，也有一些这类标题并未采用上述的常用格式，如：

示例62：企业会选择与竞争对手共享审计师吗？——基于经营范围相似度的分析。

示例63：具有审计经历的独立董事是否更尽职？——基于高管在职消费的视角。

示例64：什么造就了避险货币？——基于机器学习方法的分析。

六、俗语式

一些论文标题借助一些俗语、谚语或俚语，体现出汉语的博大精深，使得标题既能体现出核心语义，也增加了语言的可读性。这类标题注重俗语、谚语或俚语的内涵与论文核心主旨的匹配性。

示例65：为何“读书无用论”重返农村——不同出身个体教育回报率变化的解释。

示例66：惊弓之鸟：流动性恐慌与股票价格。

示例67：老马识途：“多面手”高管与企业创新。

示例68：寒门难出贵子——基于“家庭财富—教育投资—贫富差距”的实证研究。

示例69：一损俱损：内控重大缺陷在企业集团内部的传染效应研究。

示例70：谁在子承父业——高校毕业生职业代际传递性差异及成因。

七、对偶式

此类论文标题常将两个名词叠加使用，或者对偶，或者矛盾，并以此为切入点体现出论文的核心论证思路。

示例71：“落叶归根”还是“量力而行”——退休农民工养老模式的影响因素研究。

示例72：“嵌入”与“游离”：缅甸华裔新生代华文教师的生存策略研究。

示例73：“种草”与“翻车”：网红直播带货的产品质量问题与治理研究。

示例74：向左或向右：“新零售”下销售渠道的选择策略。

示例75：批判与偏离：生态马克思主义的理论二元性。

示例76：“开门见山”还是“深思熟虑”？赛事结果直观度对赛事评价的影响研究。

这些论文标题不仅巧用了一些词语，还将论文的核心观点、论证思路加以呼应。只是在拟定论文标题时，仍要以论文内容为出发点，切记不能一味强调论文标题的新、奇、特，也不能故弄玄虚、制造噱头来吸引眼球，这样反而会搬起石头砸自己的脚。

第六章

300 字的内容摘要如何做到完美满足编辑挑剔的胃口

摘要又称概要、内容提要。摘要是以提供论文内容梗概为目的，不加评论和补充解释，简明、确切地记述论文重要内容的短文。国际标准化组织（ISO）在ISO 214：1976（E）中把摘要定义为“对文献内容的准确扼要而不加注释或评论的简略叙述，无论作者是谁，对此均不应有所不同”。对于论文而言，摘要是一个完整的、自成体系的概述，通常它也被认为是研究论文中最重要的部分。摘要犹如一篇论文的“小小说”，是把论文主体内容浓缩后向读者展示的第一位置，其质量的好坏直接影响着读者对论文的第一印象以及所能获取的论文信息。因此，摘要是一篇不依附原文的独立短文，富有自明性、独立性和完整性，是论文内容的“高度浓缩”。一个好的摘要既要能总结原论文的全部重要内容，又要能吸引读者与科研人员检索阅读，还要起到增加期刊的下载率、引用率，扩大期刊传播力与影响力的作用。

01 看完论文摘要，专家与编辑坚决地点了退稿选项

作为几百字的、结构化的单独段落，摘要需要起到预览全文的作用，能让编辑、审稿专家、同行及读者通过其了解论文为何选择该话题，论文目标是什么，又是如何实现该项研究以及主要的研究发现的。对于论文本身而言，摘要对于论文的发表和传播来说也极具重要性。

一、为何摘要会如此重要

（一）摘要是编辑初审必看的内容

编辑拿到一篇投稿论文后，第一眼看的是论文题目，如前一章中提到，约有50%的投稿论文会因为标题被退稿。他们其次会看的便是论文摘要，约有20%的投稿论文会因为摘要被退稿。因此，我们仅仅起一个好的论文标题是不够的，还需要认真撰写摘要，不能因为摘要不过关而成了那被退稿的20%。

（二）摘要是审稿专家必看的内容

审稿专家在拿到一篇评审论文时，能在较短时间内依据摘要内容来判断论文是否属于自己熟悉或擅长的领域，从而决定是否评审论文。在进行论文评审时，审稿专家也会根据标题、摘要等顺序进行阅读，标题文字少，容易评判，所以摘要是审稿专家重点评审的信息。因此，摘要会给审稿专家带来对论文的第一印象，影响到他们对论文整体的评价。

（三）摘要是论文传播时必发的内容

我们在检索文献时，大部分情况下除了能获知论文标题与作者信息外，

还会得到摘要的信息，全文需要另外下载，甚至需要注册账号或付费。所以在大范围检索文献时，通过快速阅读摘要，我们就能决定是否要下载、阅读，甚至引用该篇论文。

由此可见，摘要质量很大程度上决定了论文是否能通过编辑初审、是否能顺利通过评审、是否能被下载及引用。所以，一个好的作者会花很多时间，竭尽所能写出最好的摘要。

二、论文摘要的内容要求

学术论文摘要通常只有一段，字数在200—500字之间，会因期刊不同而要求不同。摘要内容撰写的核心要点有两个，即：简洁与全面。这两个要点并不冲突，简洁是要求摘要不写无关紧要的内容，全面则是要求摘要尽量将论文的核心论证与结论写清楚。从本质上看，摘要应该以精练的形式反映出论文的所有部分。通过阅读摘要，不管是编辑、审稿专家还是读者，就能了解作者为什么进行这项研究，是如何进行的，发现了什么以及该项研究为什么重要。因此，摘要内容有两个主要的要求：其一，摘要是论文全文的简介；其二，摘要能被编辑、审稿专家或读者独立阅读。全文简介是指对论文主要要素进行的概括，独立阅读是指不需要翻阅全文就能了解论文的全部意思。

摘要一般包括五个要素，分别是：（1）问题描述；（2）研究目的；（3）研究方法；（4）研究结果；（5）研究结论。

（1）问题描述：概括所要解决的问题或研究主题，重点突出问题的重要性及目前存在的不足。问题的陈述关系到编辑、审稿专家与读者对该论文的研究主题是否有兴趣，也关系到该选题的价值。如果论文研究所针对的问题比较新颖，那么适当地界定问题、说清其重要性就很有必要。有时介绍出问题的背景也是很重要的，尤其从比较宽泛的背景开始，能增加论文所研究问题的吸引力。如果论述所针对的问题较为成熟，只是论文从新的视角来分析，那么点出问题的背景及研究意义即可。下面是一些可以参考的问题陈述句子或方式：

①在×××快速发展的背景下，×××对我国经济社会发展愈发重要。

②×××一直备受关注，由于×××，×××尚未起到关键作用，从而需要进一步探索×××。

③×××一直以来是一个值得关注的问题，还有很多工作要做。

示例1：中小型跨境电商企业对我国国民经济的贡献逐年提升，对我国经济发展转型意义重大。随着互联网、大数据等数字技术愈发普及，各项利好政策不断推行，中小型跨境电商企业得到了快速成长，但同时也存在诸多的困难。

（2）研究目的：旨在指出论文具体要研究什么或者是要达到什么目的，一般是问题的缩小化。摘要的动机要求精练，除非需要特别说明研究目的的意义，一般情况下，可以用简短的一句话概括，有的时候也会融进摘要的“问题描述”中。例如：

①其主要目的是×××。

②研究旨在阐述×××的×××。

③需要对×××进行深入分析。

示例2：通过整理2015—2019年31个省域面板的数据，测算以电子商务为代表的数字经济产业在不同区域的聚集程度、创新效率，分析电子商务产业聚集对其效率的影响。（一句话简要阐述研究目的）

示例3：随着互联网经济的日益发展壮大，互联网平台型企业在我国经济社会中的地位越来越重要。但与此同时，互联网平台型企业与消费者、供应商、合作方或竞争方的联盟风险日益凸显，产生的负面效应也不断增加，迫切需要加以规制。（研究目的嵌入研究问题的表述中）

（3）研究方法：介绍论文采用了哪种研究方法，如何展开问题的研究。当使用一种成熟的方法解决研究问题时，我们只需要简要指出使用了什么方法即可，如果使用了新方法或者对成熟方法进行了拓展，那就需要指出这样做的原因和必要性。还有一种情况，如果研究方法的使用与以前有差异，导致了不同的使用效率或结果，也需要强调这种差异。下面是一些常用的句型。

①某方法一直被用于研究×××，也适用于×××类似的问题（与论文类似的问题）。

②为解决×××或基于现有方法的不足，基于×××提出了一种新的研究方法或思路或视角，该方法使用×××，能解决×××等问题。

③使用×××（如什么方法或数据）来研究×××，该方法具有×××等特征。

示例4：通过构建生产商利用渠道商和线上销售渠道开展商品销售的理论模型，对多种情况下生产商与渠道商对销售渠道的选择决策进行研究。

示例5：在对中国工业企业数据梳理的基础上，发现了国企在产业跃升中的先导作用，并据此构建了一个包含国有部门与信贷摩擦的动态一般均衡模型，证明了在金融市场落后的发展中国家，国有体制对于经济增长的促进作用。

研究方法的具体内容也会根据论文论证的需要，介绍使用了哪些数据、哪些模型、哪些思路等信息。

示例6：针对我国中小企业数字化转型现状、问题等内容进行问卷调研，调研对象为813家中小企业主或实际负责人，调研问题包括经营管理困难、数字化技术应用、数字化转型效果评价、数字化转型原因等11个问题。

示例7：以复合系统协同度模型为视角，提出跨境电商与跨境物流子系统序参量指标体系，构建了跨境电商与跨境物流协同评价模型，并对2013—2016年我国跨境电商与跨境物流系统能力进行综合评价。

（4）研究结果：介绍论文最重要的发现是什么，如重要的数据、现象、行为、趋势。论文通过研究发现了很多的结果，但是摘要中只需要体现最重要、最新颖的、和以往大不同的、出人意料的结果即可。摘要中的结果建议不超过三条，如果结果是一些定量的内容，一定要使用定性的陈述方式加以转化。在定性描述转化时，我们需要注意：不要使用“不一样”之类的，很模糊的定性表述方式。“高、低、强、弱、多、少”等弱模糊性的定性描述方式不如“高多少、低多少等”表述方式。“A对B有影响”就弱于“A的提升会导致B的增加”，更弱于“A提升了××，会导致B增加了×××”。

此外，还有一些比较常用的表述方法：

①研究发现：A是导致B出现的最主要的原因。

②研究表明：A与B显著正相关，伴随A增加了×××，B则会提升×××。

③结果表明：某事物会分为×××。

④通过研究，解决了×××。

示例8：总体来看，城镇职工的养老金收益明显增长，其中，企业职工的养老金收益增长了近两倍，机关事业单位增长近一倍。

示例9：研究发现：我国区域制造业高质量发展水平总体呈稳步提升态势，四大板块、五大经济带的制造业高质量发展水平存在明显差别，地区内差异是造成区域总体差异的主要原因。

（5）研究结论：主要介绍研究结果或者论文研究具有哪些意义，带来了怎样的影响，具有哪些创新性或提升了多少价值，同时总结提出了哪些建议或对策。

①研究在×××和×××之间产生了×××。

②研究的结果可用于×××。

③提出了×××一系列应对措施。

示例10：因此，应进一步加强城市间政府合作，发挥各城市比较优势，通过城市间分工协作，使市场机制在工业用地要素配置中起决定性作用。此外，我们要明确国家级承接产业转移示范区战略定位，消除妨碍要素配置的各种行政壁垒，通过市场来调节工业用地出让竞争的价格。

示例11：基于跨国数据的对比分析和效应估算，揭示了要素市场化配置改革对提高中国经济增长潜力的重要意义，并在外贸不利背景下为政府实现高质量发展提供了研究参考。

此外，还有一些观点提出，摘要的主要内容应采用“问题—结论”为主导的撰写方法。即：（1）论文提出要研究的问题，这也是论文的主题；（2）方法论，介绍论文采用了哪些方法论或者数据，需要在摘要中指出；（3）观点与结论，需要阐述论文的核心结论。

以上三点概括起来，就是“论文研究了什么问题，采用了哪些方法或数据（或基于哪些理论），得出了哪些结论”。其中，论文研究的问题与结论是必须要涉及的。

三、摘要撰写的原则

（一）客观地反映论文原意

摘要是一种概论，是不加修饰地陈述论文的研究目的、观点、方法及结论。因此，摘要必须如实、客观地反映论文全文的内容，不能含糊不清、模棱两可，不能对研究本身的优劣加以评价，不能带有主观性的评判，更不需要加入论文原文之外的内容。

（二）简要地反映论文内容

摘要有一定的字数限制，多数介于200—500字之间，自成一段。所以，摘要必须简单明了地概括出论文的内容。为了让有限的篇幅承载更多的信息，我们要在摘要中尽最大的努力阐述清楚论文的核心内容与重点信息，同时我们还要注重摘要遣词用句的精练和简洁，让编辑、审稿专家及读者在短时间内快速地对论文产生兴趣。

（三）规范地反映论文内容

摘要独立成段，结构紧凑，是在全文之前向读者介绍论文的内容，文字应通俗易懂，不能包含一些无法理解的专业术语，非必要的信息也不用在摘要中体现，如参考文献、图表格式、数学公式等。在语言表述上，摘要应符合“语句通顺、结构严谨、标点符号准确”的要求，力求通顺、简洁、合理，才能准确明了地表达论文的主要观点。

（四）采用第三人称撰写摘要

作为可评阅、可阅读、可检索的独立使用的文体，摘要不宜采用其他人称撰写，尤其是第一人称。“我”“我们”“作者”“笔者”等，这些称谓不适合做摘要的主语，更不能在摘要中出现“本文”做主语的句子。摘要的撰写应采用第三人称的方式，以体现客观反映论文内容的态度。

02　这些论文摘要的写作范式，有人曾告诉过你吗

不少期刊对摘要的写作要求都有固定的模板，该模板规定了摘要是三个部分、四个部分还是五个部分，比如背景或意义、问题或目的、方法或数据、结果或发现、结论……当看到这些规定时，我们只需要按照写作要求撰写论文摘要即可。如果期刊没有提类似的要求，我们可以参考以下的四部分结构，作为摘要撰写的基本准则。

第一个问题：论文要研究什么问题，为何这个问题很重要。

回答这个问题，需要我们提供研究背景、研究动机或者提出具体的研究问题和研究假设。这里需要用一两句话来进行描述，但是文字不宜过多，字数具体的要求，一般根据问题具体分析。

第二个问题：采用什么方法研究该问题，计划采用哪些数据做支撑。

在明确论文问题后，我们需要给出计划解决这个问题所要采用的理论、方法、模型、数据等。这部分的表述要求更加简练，除非采用的方法是论文重点阐述的内容，可以增加篇幅，否则必须用一句话高度概括。

第三个问题：论文的主要发现是什么。

我们借助上述的理论、方法、数据等进行的研究，一定会有结果或发现，此处就需要展现给读者。研究发现不宜过多阐述，保持在三点之内即可，需要注意的是，该部分内容必须避免用词含糊不清。

第四个问题：根据研究发现，论文能得出什么结论。

结论部分是论文的重点内容，也是论文的价值所在，不是空穴来风，更不是一拍脑袋，而是依据研究结果或发现得出的严谨的结论。在摘要中，我

们需要说明论文有哪些创新的发现，这些发现会带来哪些应用或影响。

结合哈特利（Hartley）的观点，常见的摘要有四种基本范式，分别为：（1）五要素式；（2）三段式；（3）四段式；（4）自由式。这四类基本范式具体如下：

（1）五要素式：不少论文的摘要都是按照上面提到的五个要素来撰写，即摘要按照顺序分别阐述问题、提出目标、选定方法、得到结果、得出结论。

（2）三段式：一些论文的写作意义比较明显，结论也不是论证重点，那么这类摘要的撰写可以采用三段式结构，即为什么要做这项研究、这项研究做了些什么、研究得出了什么样的结果。也有的期刊会要求摘要按照“目的/意义”“方法/过程”“结果/结论”这样的三段结构来撰写。

（3）四段式：有一些期刊会要求摘要按照四段式来撰写，即这项研究做了什么、这项研究是怎么做的、这项研究得出了什么样的结果、这些研究的结论是什么。四段式的摘要撰写比较普遍，较多采用“背景/意义”“方法/过程”“结果”“结论”的框架。

（4）自由式：这种方式撰写的摘要出现的频率也比较高，很多期刊对摘要的格式并没有太多固化的要求，所以不少作者会按照自由式来撰写摘要。自由式只需要作者根据论文的论证逻辑，将核心内容描述清晰即可，但是结果、结论都应该包括在其中。

综上所述，摘要可以用四句话构成，根据具体的需要决定每句话的长短，这四句话分别如下：

第一句话：交代清楚研究问题和目的，即一句话讲明白论文要解决什么问题。

第二句话：论文使用什么方法解决提出的问题，也就是研究方法，用很具体的一句话把采用的研究方法说清楚。

第三句话：得出什么结果（主要结果与结论）。

第四句话：这些结果的理论贡献和实际的应用价值在哪里。

03　编辑看到了这些摘要硬伤，心情马上不美了

我在审稿时，首先会仔细阅读论文的摘要，但是很多摘要看完后都会让人有直接拒稿的冲动。这些摘要阅读起来让人感觉很痛苦，不仅缺乏应有的撰写逻辑，还有很多硬伤。很多作者常常忽视了摘要的重要性，更不在意摘要的文本质量，即便有些在科研圈里沉浸已久的科研人员，所撰写的摘要有时也是惨不忍睹。在本节中，我将给大家一一点出撰写摘要时常犯的错误。

一、论文摘要较普遍存在的问题

（一）摘要加入作者的主观评价，甚至有夸大的成分

摘要只需对论文的主要观点进行客观的描述，不应加入作者自己对论文主观性、片面性的评价，更不能带有夸大的成分。但在实际创作中，有不少论文在提到研究成果时，都会用“已达到了国内先进水平”“提出了×××，具有很高的创新价值”“×××发现填补了×××方面的空白”等语句来表述。这样的处理方法和学术的严谨性、科学性都是有冲突的。还有的摘要没有全面地涵盖论文的主要观点，存在比较大的遗漏与缺失，也是被拒稿的原因之一。

（二）摘要撰写使用的人称不当

我国《文摘编写规则》（GB6447–1986）中明确规定，摘要必须使用第三人称写法，这在前面已提到过。但是不少作者在撰写摘要时，还是常常忽略了这一要求，依旧使用“我”“我们”“本文”“本人”“作者”等非第

三人称的写作手法。

（三）摘要的核心要素常被忽略，出现缺失情况

我国《文摘编写规则》中也规定了摘要的基本要素，包括目的、方法、结果、结论和其他。但是不少作者的论文摘要并不能很好地反映出这些要求，尤其在一些核心要素方面要么缺失，要么论证不充分、不具体，这种现象多是由于作者不了解摘要的构成要素所导致。

（四）摘要的内容过少，无法充分显现主要内容

摘要有字数限制，要对论文全文进行高度提炼与全面概括，不仅需要一定的技巧与方法，也需要合适的文字来论述。在我的编审经历中，我发现不少论文的摘要不仅没有章法，最直观的问题就是字数太少，有很多只写了不到200字。在此，我要特别说明，除非你投稿的期刊有明确的字数要求，否则一般情况下摘要不能低于300字，这样才能将论文的几大要素及主要内容充分展现出来。

（五）过多介绍背景及常识内容，研究结果不具体

论文不同于教材、科普读物，具有很强的学术性与专业性，这就决定了摘要不用介绍普适性的内容，也不用过多介绍论文的研究背景。在我的编审经历中，不少来稿的摘要要么过多地介绍论文背景，要么在介绍研究结果的时候大而化之或是泛泛而谈，导致研究结果的论述不聚焦、不明确、不具体、不突出。这样的表现方式自然无法让读者通过摘要抓住论文的研究重点和贡献。

（六）罗列论文标题，错把论文框架当作摘要

不少作者喜欢把论文的各级标题罗列成一段，认为这就是论文的摘要，殊不知自己已经犯了撰写摘要最容易犯的一个错误。摘要不同于论文原文，是以一种新的论证形式对论文进行提炼，重点突出的是论文的核心内容。罗列论文标题的做法不但使摘要信息显得极不专业，而且可读性极差，没有任何阅读价值。

（七）摘要与引言、结论混淆、重复

论文的引言与结论也是论文组成的重要部分，是期刊编辑审稿时常关注的地方。但我们一定要明白，摘要不等同于引言与结论。摘要虽然在部分内容上与引言、结论类似，但更多的是对论文原文的提炼。许多作者常常将摘要与引言、结论相混淆，甚至把论文结论的内容直接复制到摘要中，这样就导致了摘要的功能得不到充分发挥，自然也不会得到编辑的青睐。

二、论文摘要撰写的注意事项

下面这些注意事项如果能做到，我们就不用再担忧论文因为摘要问题在初审时被直接毙掉了。它们都是我编审几千篇论文后总结的要点，应该会对大家有所帮助。

（1）摘要应结构严谨，表达简明扼要，语义确切。

（2）摘要慎用长句，句型力求简单、短小。

（3）摘要每一句都表达明白作者的意思，不能出现空泛、笼统、含糊的词句。

（4）摘要应该用第三人称撰写。

（5）摘要不加注释和评论。

（6）摘要不宜举例，不用引文。

（7）摘要不宜与其他研究工作比较。

（8）摘要不应出现图表、公式、化学结构式等。

（9）摘要不应出现常识性内容。

（10）摘要少用缩略语、简称、代号。

（11）摘要应把论文背景信息减到最少。

（12）摘要中相同的信息不要重复出现。

（13）摘要只限于新的信息，过去的研究结果应删去或减到最少。

（14）摘要不应包含作者将来的计划。

（15）摘要中第一句话的主语，如“本文”“作者”等词可以省略。

（16）摘要中第一句的开头部分，不要与论文标题重复。

（17）描述类的语句不应在摘要中出现，比如“本文所描述的工作，属于……首创”“本文所描述的工作，目前尚未见报道”“本文所描述的工作，是对于先前最新研究的一个改进”等。

04 摘要、引言与结论，别总是傻傻分不清

摘要、引言与结论作为学术论文的重要组成部分，三者虽然具有一定的相似性，但实则属于论文三个不同的部分，有着不同的特征与撰写要求。然而，现实中很多作者常把摘要、引言与结论混淆。我常常看到很多论文的摘要、引言与结论重复度非常高。在本节中，我将给大家讲述学术论文的引言与结论的构思和撰写方法。

一、何为引言与结论

（一）什么是学术论文的引言

引言主要是阐述论文研究主题的来龙去脉，解释该主题的重要性，说明全文的整体安排。因为引言总是处于学术论文的开头，它肩负着引导编辑、审稿专家及读者从一个一般的主题领域进入论文所涵盖的主题，同时激发编辑、审稿专家及读者继续阅读甚至看完全文的兴趣的任务。引言是编辑和审稿专家审稿时关注的重点，通过引言他们即可以判断该篇论文的价值。

引言在论文中的作用如下：

（1）阐述论文主题的研究背景。

（2）阐述论文的研究范围。

（3）阐述论文研究的重要性。

上述三点是引言的特征，不同期刊对引言的要求也各不相同，有的引言会介绍该主题的前期研究成果或进行相关的文献综述；有的引言会介绍

论文的研究方法或数据信息；有的引言会对论文的研究框架及思路进行阐述。引言涉及论文的许多方面，但篇幅一般只有半页或一页，它的长度取决于整篇论文的长度。

（二）什么是学术论文的结论

结论是用来回答论文引言中提出的问题，是对论文全文研究主题的总结。结论处于论文的末端，有时会单独成一节或一章。不仅如此，结论有时还会包括论文背景信息、论文目的、研究方法与结果等具体信息并进一步明确论文的研究要点。这些信息都可以凝练到论文的结论中。一般情况下，论文的结论包括以下几方面的内容：

（1）简要重申论文的研究主题及其重要性。

（2）强调论文的主要论点及其重要性。

（3）重点阐述如何得出的这些论点。

（4）简要介绍论文的结论都体现了哪些内容，比如：提出了什么、补充了什么、丰富了什么。

（5）论文研究存在哪些不足或局限性。

（6）概述未来研究的可能性，并提出后续的研究计划。

其中，前四点是大部分论文结论都会涉及的，后两点则需要视论文的具体情况而定。

二、引言与结论的撰写要求

（一）引言的写作要求

作为论文的第一段内容，引言的质量决定了编辑、审稿专家及读者对论文的“第一印象”。因此，引言需要简要、清晰地阐述出作者为何选择这个论文主题及这个主题的重要性。如果作者在引言中清晰、合理地阐述问题，论文的研究价值就会大打折扣；如果问题的阐述混乱、重点不突出，论文就失去了可读性与亮点。所以，引言的撰写需要注意一些事项。

（1）引言需准确、清晰、简洁地指出论文所研究问题的内涵与范围，酌情对研究背景进行阐述，其目的在于引出论文研究的问题。

（2）引言通过对研究背景的介绍，提出论文的研究问题，指出有某个问题或现象仍未得到有效解决，需要进一步探讨，进而将研究焦点转化到论文所要探讨的具体问题上。

（3）引言应阐述研究目的，通过介绍论文的研究目的将作者在论文中所研究的工作具体化，还可以提出作者的研究基于哪些现有研究或成果，又具有哪些突破与尝试。但要注意，阐述要客观、真实，不能主观臆断，更不能夸大。

（4）引言在提出问题与介绍背景时，应引用“最相关”“最权威”的文献加以佐证，首选一些经典、权威、重要、具备说服力的文献，如国家顶层设计、业内资深专家的观点，切忌刻意回避最重要的相关文献。有些作者可能会出于一些“目的”加以误导或大量引用自己的文献，这是不可取的。

（5）引言应担负解释或定义专用术语、核心词和缩写词的任务，尤其论文涉及一些新的名词、缩写词、核心词时，都需要在引言中加以诠释。这样做的目的是帮助编辑、审稿专家及读者理解与阅读论文。

在引言撰写过程中，我们还需要注意以下几点：

（1）引言内容切忌空泛，尤其问题应规避空洞、不聚焦、不具体的情况。

（2）引言篇幅不宜过长，采用1—3自然段加以描述即可，字数可根据论文整体篇幅而定，如一篇1万字的论文，引言控制在1500字以内。

（3）引言无须过多强调已有的研究成果，也不宜引用过多文献，有一种情况除外：如果现有的研究成果较少，我们可以将“文献综述”的内容合并到引言中。

（4）引言中不需要介绍常识性的内容，也不用重复教材或众所周知的知识点。

（5）引言只是起到引导阅读的作用，简要提及论文的研究设计即可，无须详细介绍论文研究的方法、数据、结果和结论，切忌与正文重复。

（6）引言无须设计序号和小标题。

（7）引言需采用客观的评价态度，慎用“首创”“独创”“首次发现”“达到了国际一流水平”“填补了国内研究空白”等文字。

（二）结论的写作要求

结论应重申论文的研究主题及其重要性，描述论文最重要的研究结果与发现，简述研究思路，强调关键、核心的研究要点，指出研究结果是怎样回答引言中提出的问题的，概述论文研究的限制条件、不足及未来研究方向等。

结论中一般应阐述以下内容：

（1）论文的研究结果说明了哪些问题，得到了哪些规律性的东西，解决了哪些理论或现实问题。

（2）论文的研究与已有研究工作的异同。结论涉及了前人的哪些研究结果或观点，做了哪些检验；哪些内容与论文的研究结果一致，哪些不一致；作者进行了哪些修正、补充、发展或否定。如图6–1所示，结论提到与已有成果的异同点。

（3）论文研究不足的地方和对未来的展望。有的结论还会将论文研究的一些限制性条件、研究缺失或研究不足加以展示，提出后续的研究建议或计划。

因投入增加出现负的产出回报的现象，也被称为“投入拥挤”[4]19。Fare等[12]首次指出生产“拥挤”在经济与管理领域普遍存在。本文构建规模投入要素，以解释变量，并加入一些控制变量，通过回归模型分析投资规模要素对我国跨境电子商务发展的影响程度。研究发现，投资规模、劳动力投入出现“拥挤”现象，对跨境电子商务发展存在削弱影响。目前，固定资产投资过大，劳动力投入过多，导致我国跨境电子商务出现规模不经济。这一研究结论与杨卓凡等[4]18的研究结论基本一致，但劳动力投入的影响程度与其结论存在影响程度大小的评判差异。研究还发现，电商企业数对跨境电子商务产业有显著正向影响。这一结论与Zhuang等[13]的研究结论基本一致，特别是劳动力投入影响不显著的结论与Zhuang等的结论一致。但笔者发现，互联网投入对跨境电子商务影响不显著，这与Zhuang等的研究结论不同。

图6–1　结论示例

除此之外，结论还需要体现出以下要求：

（1）结论应严谨、完整、客观、准确、精练且逻辑性强。

（2）结论如果肯定或否定某个观点，都应该有所依据，并且依据合理且充分，切忌使用一些模糊的词语，如“大致”“大概”“可能”“预估”……

（3）结论应该条理清晰，尤其一些内容较多的论文，其结论可以根据研究结果的重要性排序，有的结论还可以根据“结论与建议”“结论与展望”等逐条分类阐述。

（4）结论是论文最终的、总体的评价，不应该是正文中各段小结的简单重复与罗列。

三、如何有效区分摘要、引言与结论

许多作者很容易混淆摘要、引言与结论，尤其将摘要的部分内容写成了引言或结论；在结论中直接复制引言的内容；将结论的部分内容直接复制在摘要中。这些做法都是不可取的。摘要、引言与结论处于论文的不同位置，包含的内容与侧重点也不同，具体的要求及写法更有差异。看完下面的内容，相信我们以后就不会再分不清摘要、引言与结论了。

（一）构成内容不同

摘要、引言与结论因为内容的构成不同各有侧重点，我在前面较为详细地介绍过。摘要基本包括论文全文的五个要素，即问题、目的、方法、结果与结论，尤其需要体现出问题、结果、结论等信息；引言需要介绍论文的研究背景、现状等信息引出论文所要研究的问题；结论是对论文全文重点内容的总结，其涵盖内容最全、最多，结论要重申论文的主题及其重要性，阐述论文的主要论点，简述这些论点是如何获得的，还要指出研究结果如何回应了引言中提出的问题。

（二）目的不同

摘要是按照固定的结构对论文重点信息的凝练，可以说是论文的浓缩版，其目的是吸引读者继续阅读全文，帮助编辑、审稿专家第一时间来评判论文的质量；引言主要用于告诉编辑、审稿专家及读者论文的研究问题是什么及问题的重要性，吸引这类群体继续往下阅读；结论则是通过对论文全文内容的总结，让编辑、审稿专家及读者回顾论文的研究重点并呼应论文的相关研究内容。

（三）侧重点不同

摘要侧重阐述论文的研究结果与结论，帮助编辑、审稿专家及读者审阅论文的研究重点与价值；引言侧重阐述论文的研究问题并通过研究背景的展开来引出所要研究的问题，帮助编辑、审稿专家及读者判断论文选题的价值与意义；结论侧重对全文内容的总结与提炼，帮助编辑、审稿专家及读者回忆论文的研究内容，也有的结论会提出研究限制、不足及预期计划等。

（四）论证逻辑不同

摘要是论文的一个简介，只需简单罗列出论文所涉及的要素或内容即可，不用强调不同内容或要素间的逻辑关系，即便去掉一个或几个要素，也不影响摘要其他内容的可读性；引言需要介绍论文研究内容的来龙去脉，尤其突出问题是如何提出的，强调研究背景与问题之间的逻辑关系，引言的各部分之间也需要强调前后论述的逻辑关系，去掉其中某个部分，引言的逻辑就会不通或可读性受到影响；结论是论文全文的一个总结，内容比摘要更加详细，不同部分间虽有一定的逻辑关系，但逻辑感强于摘要，弱于引言。

（五）独立性不同

摘要是完全独立的一段文字，会单独出现在各大检索系统与公告中，因此摘要中不能出现读者需要通读全文才能读懂的符号、注释等信息，也不能包含标题、图表、公式；引言是相对独立的文字，除可以出现一些参考文献外，引言的其他内容也是可以单独阅读的，读者理解引言内容也不需要往后翻阅论文的其他信息；结论的阅读需要与论文前文内容相呼应，此时出现的一些术语、简称或名称更需要读者参阅论文前文。由此可见，摘要的独立性最强，其次是引言，最后是结论。

（六）字数要求不同

摘要的字数一般要求在200—500字之间。引言虽对字数并没有严格的限制，一般都多出摘要许多，但也会有一个上限，我们在前面也提到过。结论的字数没有明显的限制要求，其长或短则需要根据论文的论证需求来定。也有的观点认为，结论的字数控制在摘要字数的两倍左右为宜。

05 不要小看关键词，也会让你一不小心翻车

我们在完成摘要撰写后，紧接着就要开始构思论文的关键词，摘要与关键词往往被视作同一个信息。关键词看似作用不大，所以很多作者在提炼关键词上也比较随意，我在前些年也是如此。但现在我要说明，关键词在论文撰写中占据了相当重要的位置，尤其是在帮助编辑、审稿专家及读者快速了解论文核心主题的方面作用很大，还会影响到论文的检索与传播。

一、何为关键词

关键词是为了文献标引工作从论文中选取出来的，用来表示全文主题内容信息和目的的单词或术语，它属于自然语言的范畴，未经规范化处理，也不受主题词表的控制。

关键词的数量一般为3—8个，不过社科经管领域的论文多为3—5个。

二、关键词的作用

（一）直观地表现论文论述主题

关键词的第一个作用，也是首要作用，就是能直观地反映出论文的研究主题。关键词不仅是论文的核心主题词，也是论文中重复率很高的词语。因此，这些关键词构成了论文的论证核心与重点。

（二）帮助编辑及审稿专家快速锁定论文的研究主题

编辑每天收到的投稿论文很多，他们和审稿专家不可能每篇论文都精

读、细读，除了题目、摘要，关键词就成了他们快速了解与推测论文论证主题的途径。所以关键词选取的成功与否，也会影响到论文的评审结果。

（三）使检索者在未看论文正文之前就大致知道论文主题

我们以中国知网为例，在文献检索时，就有一个选项是“关键词”。检索者在尚未看到论文全文之前，可以免费查阅到论文的关键词，他们也就可以通过查阅关键词来判断该文献的价值与自己感兴趣的程度。

三、关键词的选取原则

（一）词性

关键词的词性一定是名词或动名词，不是词组，更不能是句子。

（二）专指性

关键词必须是专业术语，能准确标示文献内容，不能是作者自己随意创造出来的词语。

（三）代表性

关键词不仅要从标题和摘要中选取，更要全面审读论文全文后从中抽取。第一个关键词一般是从论文题目中选取的，这也是论文的核心论证主题。有的题目中也可能选取出第二个或第三个关键词。关键词还应从论文全文中出现频率很高的词语中选取。

（四）逻辑

关键词排列要有逻辑顺序，第一个关键词为论文最核心的关键词，第二个关键词重要性次于前者，第三个关键词次于第二个，以此类推。

四、选取关键词时易犯的错误

（1）关键词写成了词组或短语。

（2）关键词不能准确反映论文主题。

（3）选取的词专指性很差。

（4）关键词漏选或误选。

（5）用词不规范。

（6）直接使用年代或时代做关键词，如“19世纪”“中国古代”“1949年”。

（7）以不著名的人物做关键词。

第七章

退稿意见说：把文献综述写成了流水账

文献综述包括两部分，即“综”与“述”。所谓“综”是根据论文选题或关键词对国内外相关文献进行查询、总结与综合分析，要求论述内容精练、明确、有层次性与逻辑性。所谓“述”是对上述选题或关键词的所选文献进行评价。因此，文献综述是围绕论文的选题、话题或主题词就其领域内的历史背景、前人工作、争论焦点、研究现状与发展前景等内容，以作者的观点简要明了地进行评价与总结，这是针对论文中的文献综述而言。如果是针对一篇综述型论文，则是反映某一选题、话题或主题词在一定时期内的研究工作进展情况，是把该专题、该领域及其分支学科的新进展、新发现、新趋势、新水平、新原理和新技术进行比较全面的介绍。

01 一般人不知晓的文献综述写作诀窍，听编辑怎么说

本节重点讲述论文中文献综述的写作技巧。我也是审阅了太多的论文，发现很多稿件的选题和论证都还不错，但是文献综述却写成了流水账或者文献的堆砌，成为一大败笔，更是论文减分的关键所在。

一、文献综述的特征

（一）文献综述要具备一定的综合性

文献综述是对已有文献的总结，需要围绕论文的话题或核心词对现存大量文献进行调查与分析，既包括国内的文献，也包括国外的文献；既包括期刊类文献，也包括非期刊类文献；既包括新发表的文献，也包括过去比较经典的文献。只有这样，论文才能对所选话题、主题或核心词相关的素材进行综合的比较分析，进而归纳整理与消化借鉴，使文献综述的内容更加精练、明确、有层次性与逻辑性，凸显论文的主题、话题或核心词的研究现状与预测研判。

（二）文献综述要具备一定的批判性

文献综述并非是对所选文献进行罗列，需要在所整理的文献基础上进行一定的分析与研究；需要专门、全面、深入、系统地剖析所选话题、主题或核心词并对所述的内容进行综合分析与评价；需要反映出作者的观点与见解，尤其需要体现这些文献对作者所写论文的贡献。这就需要作者能对所选文献的观点进行批判性的分析，要么肯定，要么指出现有文献的不足之处。

（三）文献综述要具备一定的先进性

文献综述不仅需要对过往研究成果进行分析，也需要查找最新的研究成果，从而获取最新的研究内容，尤其很多期刊在评审投稿论文时，更加关注其近三年文献的引用情况，这就要求论文的文献综述将最新的研究现状及成果加以整理与评价。

（四）文献综述要具备一定的归纳性

文献综述不是对所选文献与资料的罗列，也不是文献的堆砌，而应体现出作者围绕所选话题、主题与核心词对国内外研究成果进行收集、整理、归纳与分析，这也就要求文献综述的体量在大致约定的字数范围内，才能体现出其内容论述的概括性与归纳性。

二、文献综述常见的问题

（一）综述内容是文献的堆砌，缺乏论证的条理性

我在审读与编辑投稿论文时，发现不少论文文献综述部分内容不少，但是细读下来，才发现这些综述内容只不过是文献和资料的堆砌，内容缺乏重点且不深入，论证缺乏层次性，一些观点模糊甚至存在偏误。等到我全部读完，更感觉这样的文献综述条理性十分匮乏。

（二）过度“借鉴”他人的综述，缺乏主题的匹配性

有一些投稿论文的文献综述看上去似曾相识，原来是作者根据其他人（与自己论文主题类似）的综述照搬照抄过来的，这样难免会有抄袭的嫌疑，所以我是不鼓励和提倡对已有文献综述进行转述的。这样做还会有“邯郸学步”的危险，导致自己的论文综述与论文主题发生偏移。在撰写文献综述时，我们可以借鉴他人相关论文的思路、素材与逻辑，但需要结合自己论文的主题，针对所选文献的差异，架构出与论文主题相符的、该篇论文特有的综述内容。

（三）所“述”文献过多，引用文献不恰当、不全面

当一篇论文选题不是特别新颖且该领域的研究也较为成熟时，论文所能参考的文献就会很多，这时不少投稿论文会列出很多引证文献，从而显得多余和臃肿。在撰写文献综述时，我们一般都要亲自阅读文献，但不是说阅读过的文献都需要列出，更不用将所有相关的论文也全部列出。还有一种情况，那就是如果我们对论文主题把握不够或者是查阅文献的方法不妥当，没有全面查阅到相关的文献，就容易导致撰写的文献综述不全面，选取的文献代表性不足。

（四）综述内容有“综”无“述”，缺乏作者的观点与分析

如前所述，文献综述不仅需要“综”，更需要“述”，“综”是基础，“述”是目的。许多作者尤其是初入行的作者所撰写的文献综述只见“综”，缺少“述”。好一些的按照一定的逻辑对文献进行归类与整理，差一些的就干脆把文献堆在一起。这样的文献综述缺少依据，所撰写论文的主题对文献没有进行评价，更缺少对文献的分析，无法体现出作者对文献的了解和把握，也看不到作者对文献的解读，更无法表达出作者的观点。

三、撰写文献综述的步骤

第一步，我们围绕所撰写论文的主题，从中抽取几个核心词，再根据这些核心词去查找参考文献，这些文献不仅包括期刊论文，还包括报纸资料与学术专著等。

第二步，我们在查找相关文献时，既需要做好对现有文献的记录与归纳，也需要对高度相关的文献进行仔细的阅读，重点参考这类文献的文献综述内容。这样我们既做到了一手资料的阅读，也做到了二手资料的借鉴。在借鉴参考论文的文献综述时，我强烈建议大家把论文中提到的文献下载后直接阅读原文献，不能被参考论文的作者的观点所误导。

第三步，我们要围绕所撰写论文的思路、框架与逻辑，对所整理参考文献进行归类与剖析，从中厘清文献综述的思路、框架与逻辑。切记一点，文献综述是为论文主题服务的。

第四步，我们要围绕拟定文献综述的思路、框架与逻辑对参考文献进行转述。这个转述需要作者客观、公正地描述，不能人为、主观地解读，更不能为了凸显自己论文的主题，曲解、误解或人为地修饰所参考的文献资料。

四、撰写文献综述的要点

（一）要以充分的资料作为论证依据

文献综述体现了作者对文献的把握与了解及检索文献的能力。我们在撰写文献综述时，论证观点要以充分的资料和参考文献作为支撑，不能异想天开、主观捏造，要在现有的文献基础上进行论证。

（二）论证逻辑明确、层次清晰

文献综述的撰写考验作者的论文写作能力，不能写成流水账，也不能简单地罗列与堆砌文献目录，要有一定的逻辑性与层次性。这就要求作者在撰写文献综述时，思路要清晰，知道先写什么、后写什么、写到哪种程度、采用什么样的逻辑，进而形成统一的论证思路。

（三）所引文献兼具经典与新近

文献综述是对涉及论文主题的现有文献进行的系统性梳理，当参考文献很多时，我们就需要从中选取有价值、高匹配的文献，不能一网打尽。文献综述既要引用被引率高的文献，又要做到引用最新的文献，有的期刊甚至要求论文一半以上的引用文献必须是近三年内发表的。此外，我们还需要引用一些外文文献，而外文文献同样需要符合兼顾经典与最新的原则。

02 掌握了以下几种方法，文献综述再也不会是流水账

在掌握第一节文献综述相关要点的基础上，本节重点为大家介绍一些文献综述撰写的技巧、方法及一些破解难题的思路。

我们对某一选题进行文献筛选时，无外乎会遇到两种情况，第一种是文献太多不知道如何筛选，第二种是文献太少无从下手。

一、文献太多时，该如何处理

文献综述在论文中所占篇幅不宜太多，论文能留给文献综述的字数是有一定限制的，比如一篇论文15000字，文献综述的字数不宜超过5000字。此处，我们查找的很多参考文献更不能全部列入，以免给读者造成文献堆砌的印象。此时，我们更应该聚焦最先进、最经典、被引率最高的文献。下面是一些处理技巧，大家可以学习一下。

（1）引用支撑论文论点与论据来源的文献。

（2）引用支撑论文分析、讨论的文献。

（3）引用理论、机制、指标、模型所依据的文献。

（4）引用知名度高、业内权威的期刊文献。

（5）引用业内权威的、知名度高的学者文献。

（6）引用近期发表的文献，代替时间久远的文献。

还有一些处理技巧，主要用于同类文献较多或相似主题文献较多的情况，如图7-1所示，我们既可以采用“作者1、作者2、作者3”的处理方式对相似观点进行合并引用，也可以采用“合并的观点[1][2][3]”的方式进行

综述。

2. 跨境电子商务产业集聚研究

学术界关于电子商务产业集聚的相关研究比较多，主要体现在其形成机理与影响因素方面。在形成机理层面，电子商务产业集聚的动力源头多表现为产业价值链、社会资本、带头企业家、技术创新、政府支持、市场需求和外部竞争等[6]。徐智邦等（2017)[7]、武荣伟等（2018)[8]、浩飞龙等[9](2016）认为电子商务产业多集聚在“长三角”“珠三角”、福建等东部沿海经济发达地区。电子商务产业集聚的影响因素主要有产业基础、基础设施、互联网金融、通信网络、政府政策、人口规模、信息化程度等[10,11,12]。

（二）平台型企业方面

随着互联网经济的发展，平台型企业和互联网平台型企业不断发展壮大，有代表性的互联网平台型企业有阿里巴巴、京东、滴滴、百度等。关于平台型企业、互联网平台型企业的研究很多，其关注的主要内容，一是平台型企业或互联网平台型企业发展与成长[21,22,23,24,25,26,27]；二是平台型企业或互联网平台型企业商业模式和商业生态系统[28,29,30,31,32]；三是平台型企业或互联网平台型企业社会责任[33,34,35,36]；四是平台型企业或互联网平台型企业治理或规制[37,38,39,40,41,42,43]。由此可见，随着互联网平台型企业的不断发展壮大，关于互联网平台型企业治理与规制的研究备受关注。

图7–1 多个文献合并处理的示例

二、文献太少时，该如何处理

当我们撰写的论文的主题、视角比较新颖时，往往会遇到相关文献太少的情况，这个时候该如何进行文献综述也是有一些技巧的。在论文的整体结构中，文献综述多数情况下是以单独的一个章节来论述，如“二、文献综述（文献评述）”。但如果我们引用文献的数量不够甚至只有少数几条时，单独列一章节进行文献综述就不现实，会造成论文整体结构不美观和不协调的局面。我的建议是，如果引用文献超出了十条，可以将文献综述以单独章节呈现；如果引用文献少于十条，可以把文献综述放在论文的引言中体现，如图7–2所示，该话题的文献只有九条，作者便将其放到了论文的引言中进行综述。

跨境电子商务依托互联网平台实现跨境商品流通，将分属不同国境或关境的卖方与买方通过互联网实现连接，通过互联网络进行商品展示、订单处理、客户服务等活动，将商品交易链从线下转入线上，并通过跨境物流实现商品的空间位移[1]。跨境电子商务衍生于电子商务，也属于互联网+国际贸易的一种范式。跨境电子商务又不同于电子商务，也不同于传统国际贸易，除了具体电子商务与国际贸易的一些特征外，跨境电子商务还极具其自身独特特征。跨境电子商务借助于互联网经济范式能够有效较低交易成本，进而推动国际贸易转型[2]。不仅如此，跨境电子商务从产业链切入，通过对传统贸易模式的优化升级重构了企业价值链。据艾媒咨询发布的《2018-2019中国跨境电商市场研究报告》指出，中国跨境电子商务市场规模在2019年将突破十万亿元，成为又一个新的十万亿级别市场。据海关2015-2017年统计数据显示，通过海关跨境电子商务管理平台的零售进出口总额年均增长率在50%以上[3]。跨境电子商务交易规模呈现出逐年递增态势，传统进出口贸易增长乏力，甚至出现负增长现象。近年来，习近平在2018年的"一带一路"建设工作5周年座谈会、首届中国国际进口博览会等场合多次强调要大力发展跨境电子商务，积极培育跨境电子商务为代表的贸易新业态与新模式。2019年政府工作报告更是两次提及发展跨境电子商务。发展跨境电子商务的重要性被国家所关注，跨境电子商务相关研究成果也层出不穷。通过文献梳理，发现围绕跨境电子商务发展现状及问题的文献比较多，如：我国跨境电子商务存在诸如人才缺乏、物流体系不完善、支付风险、信用风险等问题[4,5,6,7]。现阶段我国跨境电子商务的法律政策与基础设施不够完善，企业信息化水平较低等，从而导致跨境电子商务缺乏竞争力[8,9,10,11]。除此之外，还有其他一些关于跨境电子商务的研究成果，如跨境电子商务对传统贸易模式的影响[12,13]、跨境电子商务生态系统的构建[14]等。但是，跨境电子商务研究尚未扩展到产业集聚与全产业链集聚方面。

图7–2　文献较少的处理建议示例

二、文献概述

目前，新冠肺炎疫情仍处于持续期，尚无相关成果发表。由于新冠肺炎疫情与非典型肺炎疫情比较相似，可尝试比对非典型肺炎与中小微企业方面的文献，发现相关成果仅有少数几篇。比如，非典型肺炎疫情为我国零售企业的进一步发展带来潜在机遇[3]。有关中小微企业的研究很多，但专门针对中小微企业发展困境或政策帮扶问题的研究较少。代表性成果主要涉及两个方面：一是我国中小微企业发展中面临的难题，如融资瓶颈问题突出，特别是很难筹集到支持企业技术创新和持续发展的长期资金[4]；政府政策支持力度不够，融资难度过大，中小微企业陷入发展困境[5]；金融支持力度不够，中小微企业融资困难[6]；成本全面上升，中小微企业转型升级动力不足[7]。二是中小微企业发展需要政策支持，如政府采用一定的手段扶持和保护中小微企业能够促进企业发展[8]；财政补贴、税收优惠等政府补助行为有利于缓解中小微企业融资约束[9]。但是，当前我国中小微企业促进政策存在政策间协调性差、扶持性资金使用效率低、优惠政策落实不到位等问题[10]。新冠肺炎疫情延续背景下，我国中小微企业更需要获得政府政策与资金扶持，可通过对我国中小微企业所有者及实际负责人进行调研，深入了解新冠肺炎疫情对我国中小微企业的实际影响，进而有针对性地制定相关应对措施。

图7–3　比对文献的处理建议示例

当我们遇到论文选题过于新颖导致文献数量不够时，还有一种处理方式——可以找到参照物或者是对比已有选题，通过借鉴分析进行相关文献综述的撰写。如图7–3所示，2020年初，新冠肺炎疫情突发，那时我们如果撰写该选题论文就会遇到直接相关的参考文献太少的情况，就可以对比分析2003年"非典"相关的文献，对其进行文献综述，实现比较分析或者参考借鉴的目的。

还有一种情况，当论文选题比较小众，现有的文献关注度不够也不多时，我们该如何处理文献综述呢？前面的做法也是可行的，比如将这几篇文献放在引言中。此外，我们还有另外一种处理方式，就是将该选题范围扩大，找寻扩大后的文献进行综述。我曾写过一篇论文《中小型跨境电商企业融资》，这个选题现有的文献很少，我便将选题围绕"企业"进行了逐层扩大化，即：中小型跨境电商企业融资——中小型电子商务企业融资——互联网金融与中小企业融资——中小企业融资。然后我根据扩大后的主题词查找了相关的文献，并采用逐步缩小的论证逻辑对文献进行了综述，最后的落点还是中小型跨境电商企业融资。我另外还有一篇论文论证的是跨境电子商务生态系统，也是采用逐层扩大的方式对相关文献进行梳理，发现了理论演进的脉络，如图7-4所示。

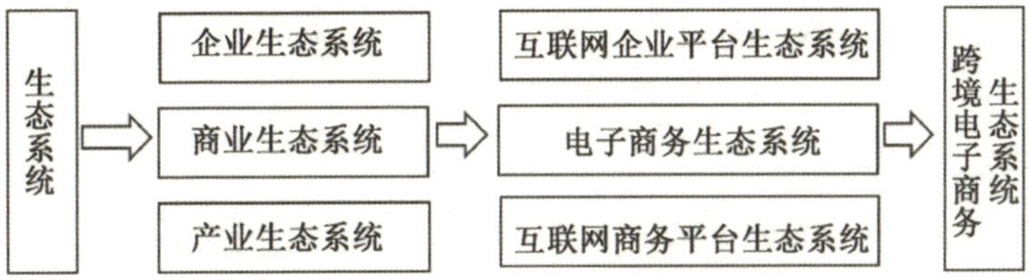

图7-4　逐层扩大的文献处理建议示例

三、文献综述的撰写思路

接下来，我给大家介绍几种好用的撰写文献综述的逻辑与思路，能凸显其逻辑性、层次性。

第一种，按照文献时间维度来撰写。这种文献综述的撰写逻辑是有一定前提的，需要论文选题能体现出时间段、发展阶段或者能依据时间维度进行划分。这种处理方式还可以结合Excel表格来实现，即用表格的形式按照不同的时间维度对文献进行汇总，更能突出可读性。

第二种，按照论文核心关键词来撰写。这类文献综述撰写逻辑适用于论文题目或内容可以划分为几个核心关键词的类型，如我前面所提到的"AB"

型、“ABC”型等论文类型。当然，它也有几个需要注意的要点，包括：（1）注重单个关键词为主题的文献综述；（2）多个关键词之间有关系的文献综述要分清主次。

第三种，按照一定的逻辑关系，如递进式、并列式、对比式等来撰写文献综述。这类文献综述的撰写逻辑是基于对论文内容或结构的解剖，即论文的核心内容或结构本身就能提取出同样的逻辑关系。我前面提到的《中小型跨境电商企业融资》《跨境电子商务生态系统》就属于这种情况。

第四种，在文献分析的基础上，我们可以将文献归类，然后按照类别进行综述。这个方法需要作者能先对所选文献进行梳理、了解及归类，也就是将所选文献分为几个系统或主题，然后再一一对其进行综述。比如我们可以将某事物的影响因素分为宏观因素文献、微观因素文献；可以将文献分为理论方面文献、研究方法方面文献、指标方面文献。

关于文献综述的“述”，我们有几个要点需要注意：可以在每条文献后面加以评价；可以先有一个总体的评价，然后跟上一些相关的文献；如果是分段论述文献，建议在该段结束时附上一个评价；文献综述结束后，一定要附上一个总体的评价。前面几种位置的评价，可以根据论证的需要及作者的习惯决定，但是文献综述最后的总体评价必须要有，它是对所选文献的一个整体的总结，肯定了哪些内容、指出了哪些地方存在不足，从而引出作者论文选题的价值，如图7-5所示。

综上所述：第一，产业集聚形成的主要因素有运输成本、收益递增、地方市场需求、市场关联、贸易成本、知识溢出等。第二，大多数行业如制造业、服务业等产业的集聚由于竞争机制、知识外溢等均能促进产业创新能力及效率的提升，产业集聚与地区经济增长呈显著正相关。第三，少数学者验证了电子商务平台的构建有利于集聚内企业协调运作与同步发展，提升了经济效益。但已有文献缺乏电子商务产业集聚对其创新效率的影响研究，本文初步认为：电子商务企业集群供应链协同使相关企业彼此间协作和相互影响，存在正的外部性，企业间高效地共享信息资源并实现资源优化配置，进而达到提高经济效率，企业利益最大化的目标。下文将通过实证来验证这一想法。

图7–5　总评的示例

进行文献综述时，还有一个小技巧，就是我们可以巧妙地参考已有文献的综述部分，尤其是引证文献，这相当于“站在巨人肩膀上”。我们重点参考的文献包括与所撰写论文主题相关的期刊论文、博士毕业论文，这两种论文会比较系统地对某一主题进行文献的梳理。这一技巧我们也可以投机性地应用到英文文献的筛选上。文献综述需要对国内外相关文献进行分析时，我建议大家通过“Web of Science”数据库自行查找，但是初入行和还不太会英文文献检索或者缺少英文文献数据库账号的朋友可以使用这个方法——重点留意参考文献中的英文文献，如果觉得适用，可以直接拿过来加到自己论文的文献综述里。当然，如果采用这种方式，大家一定要查阅该文献的原始出处，并对原文献进行阅读，这样能规避所选论文的作者对文献的加工评价带来的一些误导。

03 综述型论文发表在C刊上的独家机密

前面的章节给大家分享了论文中文献综述撰写的要点，接下来我会集中讲解综述型论文的写法与技巧。综述型论文属于学术论文中比较小众的类型，这在前面的章节提到过。虽然综述型论文的发表难度较高且很多期刊不倾向接受综述型论文的投稿，但它还是有存在的价值。尤其是针对某些新颖的话题或选题仍处于发展阶段，撰写一篇综述型论文还是对科研工作有一定的参考价值的。再者，综述型论文也有一些加分的撰写技巧，比如我们可以采用一些软件如CiteSpace撰写，使用一些数理方法等。

一、综述型论文的结构

综述型论文的结构与一般学术性论文相同，都包括题目、摘要、关键词、引言、主体、结论与参考文献，论文主体根据不同撰写方式及作者撰写习惯也略有不同。参考文献对于综述型论文比较重要，它是撰写综述型论文的基础，也是综述型论文素材与资料的源泉。有的综述型论文会介绍具体的研究方法、文献的来源等信息。此处，我重点介绍综述型论文的主体部分，题目、摘要、关键词、引言等不再单独介绍，这些部分与其他学术论文基本是相同的。

综述型论文的主体部分字数没有限制，符合论证需要即可。论证方式灵活多样，也没有一些固定的限制，作者可以根据选题的论证自由设计。在论证内容划分上，综述型论文也有多种方式，比如按年代、学派、问题、观点、发展阶段等划分。*但是，综述型论文的主体部分必须包含研究现状、现状评价和前景预测等内容。*

（1）研究现状：截至文献收集时间的发展历史与过程，也包括目前的发展状态，这部分主要是介绍论文主题的来龙去脉、发展概况及各阶段的研究水平。

（2）现状评价：重点分析前面的研究成果，哪些是研究的热点与焦点，哪些问题已经得到了解决，哪些问题尚未解决，哪些问题还存在着争论点，也包括对作者群体的研究分析。

（3）前景预测：结合前面的现状评价，通过一定的对比，分析存在的问题，在作者对该主题整体了解与分析的基础上，提出该主题后续可能的发展趋势，指出研究方法，提出研究路径。

二、综述型论文的注意事项

（1）选题或者综述的内容应是前人没写过或者相对于前人的综述有一定的差异。如果前人已经发表过类似的综述型论文，而我们要撰写的综述型论文又不能展现出较大的差异或创新，则不建议重复撰写。

（2）综述型论文的撰写需要对相关的文献资料尽可能全面地收集，不能随意收集一部分文献或者在只阅读了少数文献的情况下便动笔，这样写出来的论文质量一定不高。

（3）综述型论文的文献或素材需要突出一个“新”字，就是围绕最新的、近几年的文献进行分析，也可以提出一个新的研究视角或研究方向对其进行综述。

（4）综述型论文的文献应以期刊论文为主，也包括学术专著与报刊理论板块发表的文章，但学术专著不能成为文献的主要部分，一部分教材、网络报道、报刊非理论板块的新闻仅可做参考。

（5）综述型论文的撰写应该忠实于参考文献的原文，切记不能断章取义，不能曲解、误解、选择性解读参考文献的观点与内容。

三、借助软件撰写综述型论文的要点

科学知识图谱源于美国，2005年引入我国学界。作为科学计量学的主要研究方法之一，知识图谱分析多用于演进学科知识发展态势、科学共同体特征探究等方面，引入之初多用于图书情报学，后扩展到计算机、经济学、管理学、金融学、社会学等诸多领域。相对于其他软件，CiteSpace软件兼具频率、共引、社会网络等功能，侧重于学科前沿演进及知识关系的剖析，是当下较为常用的知识图谱分析软件。我们撰写综述型论文常用的软件之一就是CiteSpace，它可以绘制共现知识网络图、社会网络分析、时区图谱，还可以针对关键词、作者、机构等维度进行专项绘制。因此，学习和利用好CiteSpace软件，能帮助我们撰写出一篇高质量的综述型论文。

首先，利用CiteSpace软件获取关键词。我们采用CiteSpace软件，Node Type选择“Keyword”进行聚类分析，通过“Export–Network Summary Table”功能可得到总样本关键词频率。然后，我们还可以利用词频g指数计算出高频关键词，这将在后面给大家讲解。

其次，利用CiteSpace软件绘制关键词共现知识网络。针对所筛选出来的关键词，我们可以绘制关键词共现知识网络图，关键词出现频次与字体大小成正比，关键词的关联度与共现频率及其连线直径成正比。如图7–6所示，这是一篇综述型论文中针对Top50关键词的共现知识图谱，通过它我们就能获知区块链研究的热点及其关联度。

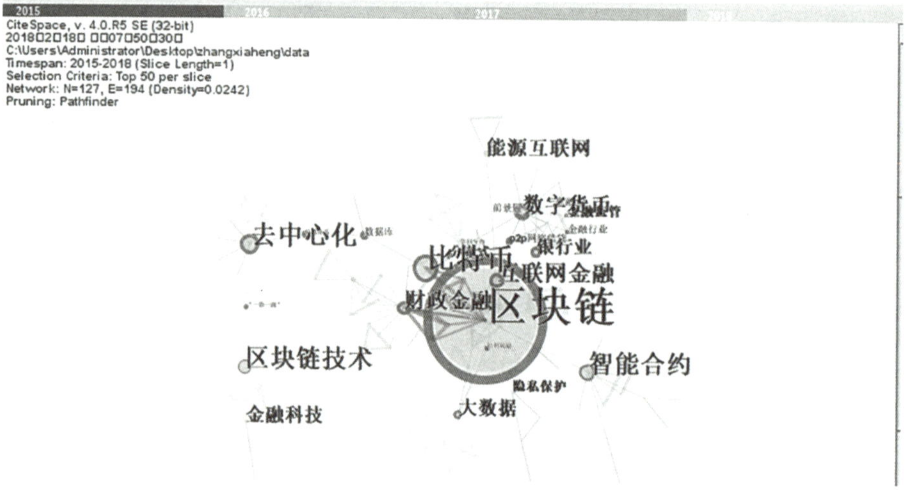

图7–6　关键词共现知识图谱示例

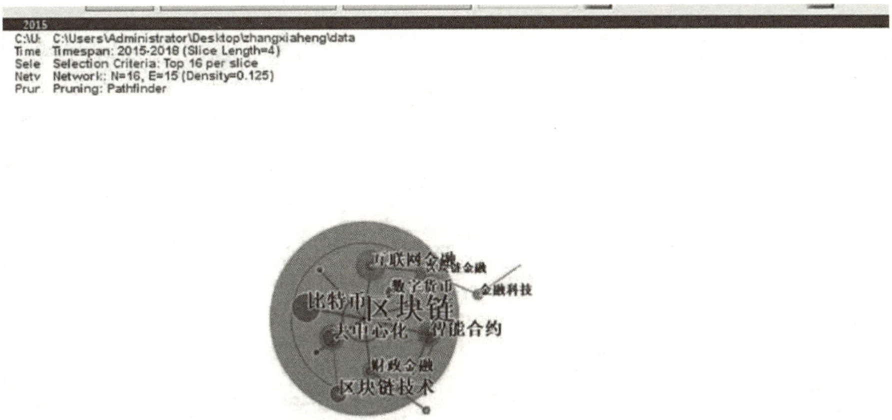

图7-7 关键词社会网络关系图谱示例

再次，利用CiteSpace软件进行关键词社会网络分析。我们可以采用CiteSpace软件对一定的出现频率过滤节点，进行可视化分析。关键词在整个网络的作用以及对其他关键词的控制能力与其节点尺寸成正比。如图7-7所示，16个高频关键词构成了以“区块链”为核心的社会关系网络；比特币、去中心化、智能合约、互联网金融、财政金融、数字货币等关键词处于网络中间，这代表区块链的研究热点分布情况；居于边缘的关键词有大数据、区块链技术、能源互联网、金融机构、金融科技、银行业、区块链金融、共识机制、金融创新等，这些也将成为区块链未来的研究趋势。

复次，利用CiteSpace软件进行中心度分析。我们可以采用CiteSpace软件，Node Type选择“Keyword”进行聚类分析，通过“Export-Network Summary Table”功能，得出中心度（Centrality）排名前十的关键词列表，如表7-1所示。中心度越高，表示该节点在网络中越重要。

表7-1　中心度Top10的关键词

序号	中心度	关键词	序号	中心度	关键词
1	1.23	区块链	6	0.47	互联网金融
2	0.61	数字货币	7	0.45	财政金融
3	0.52	比特币	8	0.44	去中心化
4	0.48	P2P 网络借贷	9	0.44	银行业
5	0.48	数据库	10	0.44	信用体系

上述几种方法相结合，就可以进行所选主题的研究热点分析与发展趋势分析。

最后，利用CiteSpace软件进行时区图谱分析。我们可以使用CiteSpace V对总样本的关键词进行分析，设置“Time Slicing”为“2015—2018”获得关键词时区图谱，如图7-8所示。通过关键词时区图谱，我们就可以分析所选主题的研究演变及研究发展趋势。

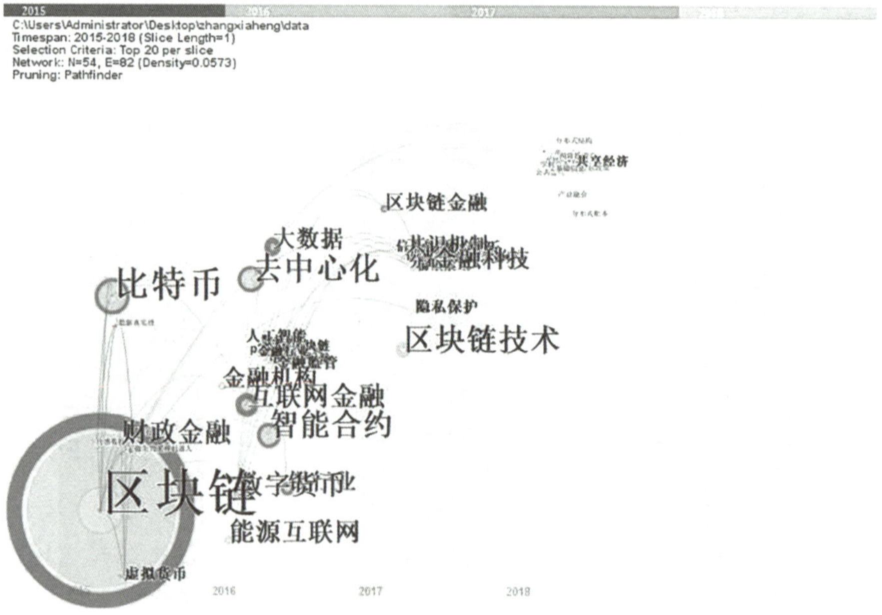

图7-8　关键词时区图谱示例

以上内容就是利用CiteSpace软件撰写综述型论文的建议，也是充实综述型论文学术价值与阅读价值的方法。大家在利用CiteSpace软件撰写综述型论文时，可以奉行“拿来主义”，把上面几点内容体现出来即可。更详细的Citespace软件的使用，可以选择专题性、针对性的CiteSpace学习资料进行学习。

四、借助百度指数撰写综述型论文的要点

利用百度搜索引擎，使用百度指数来分析某选题、话题的社会关注度是当前我国各行各业的科研人员的基本技能。百度指数不仅能洞察社会对某一选题、话题关注的趋势，还能通过大数据精准分析用户人群信息和问题关联，挖掘一系列有价值的信息。利用百度指数分析时，我们常针对取样数据采用周平均指数的形式描述取样周期内搜索指数的动态趋势。其中，百度指数是“以百度海量网民行为数据为基础的数据分享平台”，囊括了趋势研究、需求图谱、资讯关注和人群画像四大模块；搜索指数反映了网民的搜索行为，它包括PC端搜索指数和移动端无线搜索指数，可以分别考察，也可以整体考察。本文考察的是包含两类指数的整体指数。

下面，以我有关区块链的论文为例，给大家介绍如何利用百度指数来分析社会关注度；应用大数据理论，借助百度搜索引擎，使用百度指数工具对“区块链”的社会关注情况进行分析；借助于百度搜索引擎，以“区块链”为关键词进行搜索，使用百度指数分析精准人群对“区块链”的关注情况。论文的数据周期取2011年1月1日至2018年12月29日。图7–9是以周为平均指数形式描述了取样周期内搜索指数动态趋势。总体来看，“区块链”概念自2011年提出后，起初并未得到社会关注，直到2015年底，其关注度逐渐高起来，到2018年6月，关注度又呈现大幅下滑趋势。搜索指数峰值出现在2018年1月8日至2018年1月14日，指数平均值为55046。此外，2018年3月5日至2018年3月11日的搜索指数、2018年5月28日至2018年6月3日的搜索指数也较高，分别为47492和25130。

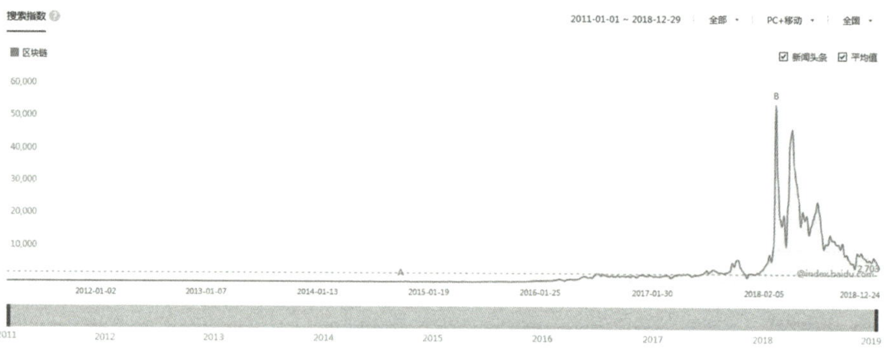

图7–9　区块链百度指数的研究趋势

我们还可以根据百度指数依据“搜索人群画像”，获得区域排序情况及人群的年龄分布情况。依旧以区块链那篇论文为例，我利用百度指数分析了搜索人群区域及年龄情况。具体研究发现为：按照区域排名由高到低依次为华东、华北、华南、华中、西南、东北和西北。搜索省市排名前十的依次为广东、北京、上海、浙江、江苏、四川、山东、福建、河南、湖北。搜索城市排名前十的依次是北京、上海、深圳、杭州、广州、成都、武汉、南京、郑州、重庆。据此来看，搜索度较高的地区也是经济发展程度相对较高的地区与城市，这在一定程度上说明“区块链”研究要依托重点地区进行。从搜索人群的年龄分布看，19岁以下、20—29岁、30—39岁、40—49岁、50岁以上分别占比1%、14%、53%、28%、4%。由此可见，30—39岁是关注“区块链”的重点人群，40—49岁是次要人群。从性别来看，男性的关注度远超过女性，分别占比76%和24%。

以上方法是利用百度指数撰写综述型论文的建议，大家也可以直接将其复制到自己的综述型论文中。

五、几种综述研究的公式介绍

（一）词频g指数

词频g指数作为确定关键词个数的标准方法，也是获取高频关键词很有用的一种方法。我们首先将所选论文出现的关键词按照出现次数进行排序，选择从多到少的顺序，然后针对关键词出现的次数计算g指数。具体计算方法为：g序次关键词使用次数累计和大于g^2，而第（g+1）序次关键词的使用次数累计和小于$(g+1)^2$，此时，前g个关键词为高频关键词，如表7-2所示。这里继续以区块链综述型论文为例，计算得出的g为17，即前17个关键词的累计出现频次大于g^2，即17的平方（289），小于$(g+1)^2$，即18的平方（324）。但是，g指数计算有时会出现无法完全符合的情况，有时前后几个关键词的出现频次会相同，这就需要具体分析。以表7-2为例，由于从第17到第23个关键词的频次均相同，其中16个关键词频次超过5，可以确定为高频关键词；如果g所选取的第17个关键词后面几个也与17相同，则可以往后多选取几个高频关键词。

表7-2 g指数计算示例

关键词	次序	频次	累计频次	g平方值	g+1平方值
区块链	1	146	146	1	4
去中心化	2	27	173	4	9
区块链技术	3	20	193	9	16
物联网	4	17	210	16	25
智能合约	5	16	226	25	36
金融科技	6	12	238	36	49
支付结算	7	10	248	49	64
信任机制	8	10	258	64	81
比特币	9	9	267	81	100
隐私保护	10	8	275	100	121
区块链	11	7	282	121	144
时间戳	12	7	289	144	169
信任问题	13	6	295	169	196
金融机构	14	5	300	196	225
底层技术	15	5	305	225	256
支付系统	16	5	310	256	289
密码学	17	3	313	289	324

（二）高产作者分析的常用公式

针对所选论文的作者情况进行分析，是综述型论文常用的方法之一，一般情况下，只会对第一作者进行分析，这是因为国内论文更加注重第一作者。这里有两个定律，也对应了两个计算公式，可以用来分析高产作者的情况。在计算之前，我们需要对第一作者进行汇总统计，主要是统计出各位作者的发文数量。

第一个定律为洛卡特定律，即一篇成果的作者百分比在60%左右时，该领域即形成核心作者群。我们仍以区块链综述型论文为例，该篇中一篇作者百分比高达92.4%，这说明其核心作者群远未形成。

第二个定律为普赖斯定律，即在同一主题中，半数论文为一群高产作者所撰。这一作者集合的数量约等于全部作者总数的平方根，那么这个研究主题的研究现状较为稳定，且研究发展较为成熟。我们还是以区块链论文为例，即核心作者最低发文两篇，高产作者共13位，占总人数的7.6%，累计发文35篇，占总发文量的18.0%，小于50%。即：区块链研究处于发展初期，缺少高产作者，需进一步加强该领域研究深度。

（三）作者合作分析常用的公式

通过合作方式，可以提高科研成果含金量、降低科研难度、提升产出效率。衡量合作状态的两个指标分别是合作度与合作率，即：合作度表示合作规模，用篇均作者数量表示，代表着研究难度；合作率=合作文献数/文献总数。在区块链论文中，合作度=2.43，合作率=0.665。这说明，区块链已具有一定合作规模，存在较为普遍的合作状态，但是整体合作规模不大。

第八章

我为何一年只能写上一两篇论文

有的人可以做到一年撰写、发表多篇论文，有的人一年的学术产出却少得可怜，还有的人一年一篇学术论文都发表不出来。如何顺利发表学术论文，如何在一年中最大限度地撰写和发表学术论文，这是在掌握学术论文撰写能力的基础上衍生出的技巧与方法。当然，我们一年中能撰写及发表更多的学术论文起步于一个好的论文选题，但是又不能简单地归结到选题上。在本章，我将给大家分享许多能够拿来就用的论文高效率撰写方法与技巧。

01 年发论文15篇+，起步于一个好的论文选题

许多人羡慕别人一年能发表很多篇论文，而自己年产一篇都那么难。这当然是多种因素综合影响的结果，但一个好的论文选题能提升论文的写作效率和发表概率却是事实。那么能称得上好的论文选题的标准是什么？我通过自己多年的科研及编审经验，总结出了以下观点。

一、好的论文选题自带闪光点

（一）具备学术性、理论性

我们撰写的是论文，并非调研报告、实验性说明、小说……既然论文与学术挂钩，那么文章就要具备一定的学术性、理论依托和理论研究视角，能提出、修订或完善某一理论观点。如果缺乏学理性，论文被拒稿是一定的，而这也是我们撰写论文常踩的“雷”。

（二）具备实践性、针对性

好的论文讲究的是“顶天立地”，意思就是既有学理性，又能“针砭时弊”。当然，纯粹学理性的论文这里我们就不再单独讨论，因为这样的论文带有一定的专业性，需要能力很强的作者去驾驭。对于我们这样的普通科研人员，撰写针对社会痛点、热点、难点等话题的论文，是一个很有效的思路。

（三）具有充足的资料支撑

在进行论文选题的选取时，我们一定要关注选题的资料与素材，也就是在撰写这篇论文时能用于加工的资料。这些资料既包括当下已经存在的资料，也包括个人准备的材料。如果两者皆无，我建议你慎重考虑这个选题值

不值得写。

我还要强调一点，充足的资料不代表已经有很多论文可以参考了。热度高的选题，关键在于我们从哪个研究角度切入。如果选题很新颖，也有研究价值与空间，即便没有多少论文可以下载参考，也值得我们去做。充足的资料则代表着你对该选题有了驾驭力，关联知识的储备充足。我在科研私训营辅导时与一个小伙伴交流过这方面的问题，他的选题是《全域旅游视域下×××民俗经济×××》，那么充足的知识储备就意味着他必须对全域旅游、民俗、消费心理、产业经济等多个学科的知识都有所了解。当时，我建议他除了查阅关联知识外，还可以看看民俗产业的研究报告。

（四）能扬长避短

一个大的选题，可以从不同角度切入。我们在撰写论文时，一定要发挥出自己的长处与优势，从这一点来选择切入的研究视角。比如，精准扶贫这个话题，如果你不懂一些实证研究的方法，那么就不建议从“扶贫绩效评估”角度切入，因为涉及绩效评估的论文，大多需要实证分析或者有计量基础。

二、寻找选题的途径，竟然在这里

途径一：社会现象和现有解释之间的矛盾。人们对社会现象进行各种解释，有的解释是合理的，因而成为学术共同体中的共识。但有的解释不合理，对于不合理的解释，我们可以寻找新的解释。

途径二：全新的社会现象需要全新的解释。随着社会的发展和演变，新的社会现象层出不穷，这些现象前人没有做出解释或者现在还没有人注意到，那我们的学术研究就可以针对这些新的社会现象开展。

途径三：现有解释之间的矛盾。对于同样的社会现象，不同的学者会有不同的解释，这些解释可能是互相矛盾的，我们需要解决这些矛盾。

途径四：现有解释之间的联系。对于同样的社会现象，各种解释之间可能并不矛盾，而是互相补充的，从不同的侧面描述或解释了同一个现象，这时我们可以根据各种解释之间的联系整合出新的解释。

三、不可忽视的论文选题影响因素

第一个因素是学术共同体中他人的兴趣，尤其是学术界主流的研究兴趣。如果你的研究属于非主流的领域，那就需要给自己画一个问号，问问自己是否有充足的耐心来守候这份寂寞。

第二个因素是自己的学术兴趣。我建议大家最好能让自己的研究成为自己的兴趣所在或者从自己的兴趣中去发现选题。这样，你会发现写论文也是一种享受。

第三个因素是限制论文选题的客观条件。这些条件包括资料、知识积累、自身能力的限制。它们会决定你的选题能否真正写得下去，如果根本无法驾驭，那么再好的选题也不属于你。

四、应该正视论文选题的限制性条件

当我们着手撰写要选定的话题时，需要考虑以下三个限制性条件。条件限制，能让我们的论文不显得空泛、宽泛或很难驾驭。

第一个要关注：限定研究时期。比如当下比较热的，70周年、40周年，还有一些话题适用于10年、20年、30年等。还有某个特定的时期，如当代、近代、某朝代等。

第二个要关注：限定空间。这也是我们话题所涉及的地域范围，比如省际、西北地区、西南民族地区、农村等。

第三个要关注：限定具体话题。这个可以让选题更具象、更有针对性，能规避大而空的风险。比如精准扶贫近几年研究太多，而且多是从宏观角度切入，我们这时再接触精准扶贫话题，可以从扶贫绩效评估、政策效果、扶贫过程审计等角度将精准扶贫的话题具体化操作。

02　高产作者独家秘籍第一招：交叉问题交叉写

这一节我们一起学习如何“批量造文”。请注意，我这里用的“批量造文”只是一句玩笑话。很多作者会有一个感觉——写论文对自己来说很难，很久写不出来一篇，一年也产出不了几篇。当我们的论文存货少的时候，能发表的自然就更少。所以，掌握了这一招独家秘籍，大家也能做到用一年的时间写出更多的论文。

高产独家秘籍的第一招是“交叉问题交叉写”，这一招又可以分为三个套路，分别为：交叉套路一——小跨度交叉；交叉套路二——大跨度关联性交叉；交叉套路三——大跨度非关联性交叉。

一、交叉套路一——小跨度交叉

我们可以把自己的研究概括为两大方向，一个是细分领域的深度，另一个是多领域的广度。说得具体一点就是多撒网才能捕到更多的鱼。实际上，在现实中，每个科研工作者都会选择上述一个，或者两个都选。

我们要知道，即便在自己的研究领域内，随着业内研究的深入，也会细分出多个小研究领域。那么，在较大的研究范围内，多个细分研究领域的交叉选题，就属于小跨度交叉类型。

营销渠道与产品定价，可以视为市场营销领域两个小的细分领域，那么就可以进行选题交叉，比如“基于线上线下渠道博弈的×××定价模式”，这样的选题就属于小跨度交叉，这样的论文就可以发表在渠道管理方面的期刊，如《当代财经》《北京工商大学学报》，也可以发表在价格学方面的期刊，如《价格理论与实践》《价格月刊》。

63	独立随机需求下共享剩余库存的双渠道订货与定价模型	张爱凤; 经有国	工业工程与管理	2018-09-27 11:56
64	两级再制造下考虑渠道权力结构的S-M闭环供应链定价策略	闰卉; 曹晓刚; 陶建平; 黎继子	统计与决策	2018-08-17 15:00
65	不同双渠道结构下制造商的定价决策与渠道选择	梁喜; 蒋琼; 郭瑾	中国管理科学	2018-07-31 16:04
66	不同博弈框架下多竞争零售商的双渠道供应链定价决策研究	韦才敏; 李忠萍; 范衡	运筹与管理	2018-06-25
67	考虑盗版的双渠道供应链制造商定价及质量信息披露策略	邓力; 郑建国; 赵瑞娟	工业工程与管理	2018-06-10
68	双渠道结构下制造商最优定价策略研究——基于渠道偏好因素的考量分析	梁喜; 蒋琼	价格理论与实践	2018-05-24 19:36
69	考虑品牌APP丰富度的O2O供应链渠道选择与定价策略	姜力文; 戢守峰; 孙琦; 喻海飞	管理工程学报	2018-05-17 18:14
70	闭环供应链混合回收模式定价及渠道选择研究	公彦德; 蒋雨薇	软科学	2018-04-27 17:30
71	考虑交叉销售的双渠道供应链定价策略研究	王文宾; 王智慧; 林欣怡	工业技术经济	2018-04-25
72	考虑公平关切的双向双渠道闭环供应链的定价决策	邹清明; 叶广宇	系统管理学报	2018-04-09 10:06
73	考虑退货风险的制造商双渠道供应链定价决策研究	张学龙; 吴豆豆; 王军进; 刘家国; 张一纯	中国管理科学	2018-03-27 09:23

图8-1 小跨度交叉选题示例

在这里，我用实际的操作给大家演示一下，以“渠道”“定价”作为关键词，通过中国知网检索，选择期刊，然后来源期刊选择“CSSCI”，如图8-1所示。我们先按照篇名检索方式，用“渠道”关键词检索，然后再更换为“定价”，这里切记要点“结果中检索”。这样，我们就会发现《中国管理科学》《软科学》等期刊都可以发表此类论文，另外《价格理论与实践》期刊也可以发表。

二、交叉套路二——大跨度关联性交叉

所谓大跨度关联性交叉，就是同一学科内，差异较大的研究方向的交叉研究。比如管理学大学科，我们可以将人力资源与企业管理进行交叉研究，可以将组织行为与供应链管理进行交叉研究，可以将金融财务与营销管理进行交叉研究。

9	融资约束与商业信用渠道的流动性提供——基于企业异质性视角的研究	李泽广；覃家琦	南开学报(哲学社会科学版)	2020-11-20	3	486
10	融资渠道与城乡家庭创业决策	李伟；田书芹	软科学	2020-10-23 16:29		367
11	不同股权融资渠道对企业创新的影响——基于中关村科技企业的微观检验	王乾宇；崔静静；田人合	商业研究	2020-09-20	1	344
12	经济政策不确定性与企业融资约束——基于企业异质性与融资渠道的研究	姚震；郑禹；鲁斯琪；张宇峰	工业技术经济	2020-08-01		1282
13	企业融资渠道与创新研发投资	李真；席菲菲；陈天明	外国经济与管理	2020-07-20 13:21	5	1038
14	机构调研与外部融资：基于企业融资渠道的证据	赵宇亮	金融经济学研究	2020-06-08 14:32	1	529
15	结构性货币政策、渠道识别与特征企业融资约束	唐文进；丁赛杰	投资研究	2020-05-10	1	501
16	基于预付款融资的双渠道供应链协调研究	赵亮；庄新田	统计与决策	2020-01-21 12:05	4	452
17	不同渠道权力结构下资金约束零售商的采购和融资策略	黄帅；樊治平	中国管理科学	2020-01-15	3	638
18	货币政策冲击、银行信贷渠道传导与传统行业融资约束——以纺织产业为例	战明华；李帅；罗诚剑	金融论坛	2020-01-05	5	742
19	信任视角下的家庭融资渠道偏好研究	柴时军	经济与管理研究	2019-11-04 10:14	6	300

图8–2　大跨度关联性交叉选题示例

这里，我再给大家举一个例子，还是以“渠道”“融资”作为关键词，通过中国知网检索，选择期刊，然后来源期刊选择“CSSCI”。我先按照篇名检索方式，用“渠道”关键词检索，然后再更换为“融资”，同样选择“结果中检索”。如图8–2所示，我们就会发现《中国管理科学》《软科学》等期刊可以发表，还发现《金融经济学研究》《投资研究》《金融论坛》期刊也可以发表。

再比如，同属于传播学大学科，我们可以将媒介学与编辑学进行交叉研究，可以将出版学与媒介学进行交叉研究，可以将新媒体与媒体经济、出版学进行交叉研究。其实，这些思路只是一种方向性的指引，如何在自己所熟悉的学科内进行交叉研究，需要我们仔细琢磨。最后，我们还得多看文献，多琢磨期刊发文的历史。

三、交叉套路三——大跨度非关联性交叉

大跨度非关联性交叉，界定为跨越不同的学科背景或范畴，也就是常说的跨学科研究，比如用数学的方法来研究人文社科。在这里，数学其实是一种工具或研究载体，其他学科是具体的研究对象，这种交叉研究也是很多人常用的方式。还有一种，就是将两个平衡的学科进行交叉，比如将经济学和语言学进行交叉研究，暨南大学的一个团队就专门在进行经济学与地方方言的交叉研究，也出了一系列高质量的成果，如图8–3所示。

19	均衡发展的隐形壁垒:方言、制度与技术扩散	林建浩; 赵子乐	经济研究	2017-09-20	60	4509
20	论方言词考源	曾昭聪	烟台大学学报(哲学社会科学版)	2017-09-15	1	486
21	新疆木垒方言的单字调——一项基于声学数据的研究	刘新中; 梁嘉莹	方言	2017-08-24	2	316
22	汉语方言、市场分割与资源错配	刘毓芸; 戴天仕; 徐现祥	经济学(季刊)	2017-07-15	53	3201

图8–3　方言+经济选题示例

比如《编辑部偏爱、关系稿与引用率贴水——来自中国经济学权威期刊的证据》，这篇发表在《经济学（季刊）》很权威的一个CSSCI期刊，就是把编辑出版学与经济学进行了交叉。

再比如《学校体育改革的理论与实践反思》是把体育学与教育学进行了交叉，既可以投教育类期刊，也可以投体育类期刊，这篇论文最终发表在《体育学刊》上。

03 高产作者独家秘籍第二招：举一反三巧产出

高产作者的独家秘籍第二招是“举一反三巧产出”。这一招应该属于批量炮制论文的方法，不一定适合每个人，尤其是对某一个细分领域进行深究的科研人员。但从学术研究的角度看，它也是一种非常实用的方法和钻研学术的技巧。比如，前些年在经管之家论坛（原中国人民大学经济论坛）上有一个名为“天下为菊”的用户，他是很多作者眼中“神一样的存在”。我偶然发现他似乎也在使用这一技巧。总结起来，这所谓的独家秘籍“举一反三巧产出”，换句话就是一次撰写多篇论文。或许有朋友会问：你这是批发还是零售啊，学术论文能批发吗？

如何一次撰写多篇论文，我的经验有这么三个角度，即：（1）研究视角多元化；（2）研究方法多元化；（3）研究对象多元化。

一、研究视角多元化

所谓研究视角也就是研究角度或切入点，其实这一点又与交叉研究具有重合的地方。大的研究视角可以细分为若干个小研究视角，从而可以再进行多元化处理，重点在于我们要找出自己擅长的研究切入点。

以“精准扶贫”这个关键词为例，我们可以从多个学科切入研究，也可以说是从多个研究视角展开该主题的研究。比如，教育扶贫就是从教育学角度展开的，产业扶贫就是从经济学角度展开的，还有将精准扶贫与金融、电子商务、社会救助、旅游、腐败治理等进行交叉研究的。再比如，以“媒介融合”这个关键词为例，我们也可以有很多种研究视角，每一种研究视角又能细分为更细的研究视角。我们可以研究图书馆与新媒体的融合，可以研究学术期刊与新媒体的融合，可以研究报纸与新媒体的融合。单就同一个媒体，比如出版社又可以与新媒体的不同类型进行结合，这又是不同的细分视角，出版社与微信公众号、出版社与官网、出版社与微博……这样细分再细分的研究视角，一次就可以写出十几篇文章，这就是所谓的“论文批发”技巧。

二、研究方法多元化

每篇论文都无法脱离具体的研究方法，针对同一选题，我们既可以从不同的视角展开研究，也可以运用不同的研究工具、研究方法。通过不同研究工具与研究方法的使用，我们就可以同时写出多篇文章。

举一个最简单的例子，研究供应商与渠道商的协同问题，我们既可以运用生态系统研究方法，也可以使用供应链研究方法，还可以使用哈肯的协同论方法。

再比如，分析某一个质量评价、满意度评价或影响因素，我们获取数据的方法既可以采用问卷调研，也可以采用案例分析，还可以采用深度访谈，通过这些方法也可以撰写多篇文章。具体到数据或模型分析，我们还可以使用综合模糊法、TOPSIS法、联立方程、博弈论等，运用不同工具与方法，同样可以产出多篇文章。

三、研究对象多元化

研究对象多元化是着眼于论文的研究范畴，更适用于获取了一个数据库、一些不同方面的相同或相似的数据、资料、思路等。这也适用于不同研究地域、国别等平衡级别的对象。其实，这一点在网友“天下为菊”身上得到了极大的体现。他几年前成名于某经济论坛，以硕士研究生的身份使用一个数据库发表了多篇CSSCI期刊论文。

我举一个具体的例子，以“联合国商品贸易数据库”为例，以2010—2020年的数据为统计周期，就可以从中国与美国、中国与金砖四国、中国与东盟、中国与拉美……再从农业、工业、服务业……再使用一些常用的国际贸易分析模型，来分别切入。你自己算一算，手脚并用都数不过来可以写出多少篇文章。

04 高产作者独家秘籍第三招：课题论文一手抓

如果你已经是一名高校教师或者是研究机构的科研人员，那么除了撰写论文、发表论文外，还需要撰写课题申请书。这一节，我们聊一聊“课题论文一手抓”的问题。

论文与课题是构成高校教师群体科研工作的两大板块，应该如何有效协调课题申请与论文撰写的工作，让两者相辅相成、相互推动呢？有的同行会说我们的时间很有限，写论文就无法申请课题，申请了课题，写论文的时间就会不够用。其实不然，这样的想法是把课题与论文对立起来，既然课题与论文都是科研工作的重要内容，那么两者是可以互相补充、互相转化的。所以，我们不能用对立矛盾的思维来看待两者的关系。

一、先写论文该如何做

很多人都是从论文开始走上科研道路的，也就是从硕士、博士阶段就开始了学术研究。硕士或博士论文题目都是我们进行课题申请的选题，也具有一些优势，因为我们最熟悉自己的选题，自然就能出几篇前期成果，这时依托这些论文基础去申请课题就能少走一些弯路。如果我们选择这样的发展思路且认为硕士或博士选题也能持续做下去，进一步申请教育部或国家课题，那么，我建议大家围绕着这个领域不断撰写论文，申请课题，形成持续滚动的局面。

二、先写课题该如何做

当我们发现一个选题适合申请教育部或国家课题，尤其选题还是热点话题时，大概率也会同时发现自己没有直接相关的论文可以支持。这时候，其实我们也可以申请课题，选题切入点找得好，论证充分的情况下，也有中标的可能。这种情况下，我们该如何进行论文撰写呢？

这又分两种情况，第一种情况是这个选题我们想尝试做下去，那么无论课题中或不中，都围绕课题申请书的内容，让自己的课题思路落地，转化为一篇一篇的论文，这样还能反过来支撑课题。第二种情况是这个选题只是用来申请这一次的课题，如果课题没中，以后也不会有延续的可能，那么写课题申请书花的功夫就多了。对于这种情况，我建议利用好申请书，把它转化为论文，至少把文献部分转化为一篇综述型论文。

三、如何平衡论文与课题的关系

撰写课题申请书后，应该如何处理课题与论文的关系，从而让我们的收益最大化呢？当然，这时还要看课题的级别程度，是大课题，比如教育部、国家课题；还是小课题，比如省社科联、厅局级课题等。越小的课题，对其进行论文撰写的价值越小，小课题基本一个研究报告或者调研报告就可以结项。这里我们不对小课题的情况进行分析。

当然，也有一种情况除外，那就是小课题是为了申请大课题服务，做前期积累的。这种情况下，我们可以参考上面讲述的“先写课题该如何做”的情况，如果想用小课题做大课题的前期成果，那么围绕着申请书内容撰写论文就行。

我们还是回到平衡课题与论文的话题，再分两种情况和大家交流。

第一种情况是课题中标了，在前面我也给大家说过一些做法，还是建议大家围绕自己课题的主要内容进行论文撰写并加快进度，如果有一些新的想法，也可以用来撰写论文。整体的思路就是将你课题申请的内容转化为论文，这样既可以按时结项，也能让自己的结项成果更符合要求，专家审核时会给予好评。现在课题申请后延期结项或者时间到了被清理的不少，也有的论文撰写与课题申请内容偏离很大，导致结项时评价不高。

第二种情况是课题没有中标，这在前面我也提到过该怎么做，对这个选题比较认可，我们可以围绕这个申请书的内容撰写论文，如果担心申请书的核心内容发出论文对申请中标后的科研工作有影响，可以围绕申请书内容做关联研究或辅助选题研究，并且对申请书的内容进行打磨、修改与完善，论文写作也可以匹配这个变化来撰写。

我们的科研工作无法脱离论文与课题，所以在日常的学术写作过程中，论文与课题都需要高度重视，这两者的良性互动是我们做好科研的关键。所以，我在写作私训营中多次强调过的一句话，也送给大家："课题门前过，不申是罪过"。我们不能放弃每一次撰写课题申请书的机会，它既能锻炼我们申请书的撰写能力，也能为发表论文提供基础。申请书撰写后，先不管其结果如何，都要将申请书转化成论文，至少可以通过文献综述的工作，让我们对这个选题有一个较为全面的了解。工作既然做了，就不能浪费。

05　高产作者独家秘籍第四招：时间管理的技巧

很多人虽然掌握了诸多科研思路、方法与技巧，但是科研产出结果仍然是“一贫如洗”，成天羡慕别的高产作者。究其原因，他们有一个很大的障碍就是不会管理时间，无法做到对时间合理、充分地利用。本节将聚焦时间管理的话题，培养大家时间管理的能力，最大限度地开发利用我们最为稀缺的资源。

一、我看见、我需要：玩转科研的基础保障

我个人认为时间管理很重要，但是很多人往往欠缺有效的时间管理能力。我们不再是单纯的学生，工作后不仅要做科研，还要处理工作与家庭的事务。近年来，互联网的发展又使得每个人每天的时间都呈碎片化。那么，我们该如何向每一天要时间，向时间要效率呢？

（一）明确我们的具体需求，增加时间管理的原动力

首先，我们要问自己两个问题，第一个问题是自己想要什么，第二个问题是自己需要什么。想要什么与需要什么并不完全相等，当然二者也是相互促进的关系。

我们想要什么呢？我只聊聊你我这样的普通的科研工作人员，无外乎想要这些东西：第一想要按期毕业；第二想要顺利毕业；第三想要按期评职称；第四想要顺利评职称。这也与我们大家的基本目标相吻合，按时毕业，获得学位；按时评职称，上副高、正高；获得一定地位，增加收入。

想要什么不重要，更重要的是我们得知道自己需要什么，只有这样，我

们才能针对需要的东西进行突破，从而顺利地实现我们的目的。

毕业是有条件的，修满学分最简单。其他条件无外乎大论文与小论文。大论文要关注字数要求、时间要求与质量要求。小论文要关注数量（几篇论文）、级别（核心期刊，什么级别的核心）、时间（最晚见刊时间）、形式（样刊还是录用通知）。

大论文既难也不难，这要具体分析，小论文肯定难。因为我们大论文依托于小论文，如果小论文系列出来了，大论文其实很快就可以成形。比如，我的大论文差不多两个多月就能完成，因为我大部分章节都由小论文而来。

小论文是真的难，尤其现在很多学校把博士生当作科研主力军，甚至把硕士生也利用起来，对博士生毕业的小论文要求越来越高，甚至硕士生都要求在CSSCI或“北核”发表论文。这样，小论文的数量越来越多，要求的级别也越来越高。

现在论文发表市场已经严重供大于求，导致核心论文发表难度增加不少，用一句话形容就是“僧多粥少”。这两年，学术圈里的一个共同的话题就是——CSSCI发表论文一年难过一年。

至于评职称，我们还需要了解以下几方面：

（1）时间：几年可评，是否破格，破格的时间。

（2）课时：最低量（每年还是年均），本科生课时（是否只算本科生的，其他研究生或高职等课时量是否计入），课时核算方式（是否算系数）。

（3）论文：资格/保险的数量与级别（最低满足的条件是几篇，什么级别；能保险晋升的条件是几篇，什么级别）。

（4）课题：横向/纵向，级别，到款额，是否结项（纵向的级别是国家课题、省部级还是厅局级，是需要主持还是参与即可，如参加需要最低前几位，是否有经费金额的要求，是合同金额还是到款金额；项目是立项就行还是需要结项；横向课题是否有委托单位级别的要求，是否要求金额等）。

（5）其他：著作（出版社、字数、著作还是教材，第一作者还是参与即可），奖项（哪种级别的奖项，排名情况，是否需要教改奖项等），出国（去哪里，多长时间），挂职（时间的要求），比赛（主办单位，是否获奖，获奖级别等）……

（二）明确如何满足具体需求，让时间管理有的放矢

在了解清楚事项后，接下来我们就要想办法获取这些信息。

（1）找到制度：官网（人事处，研究生院等），相关部门（省职改办），请教过来人。

（2）明确条款：不可忽视细节（有的单位规定，第一次评职称没有通过，第二次再参评的话，需要有新的成果出来）。

（3）弄清楚制度细节。针对每一条规定，都要理解具体的含义。

（4）明确条款的实现途径。

（5）明确条款的实现周期：①论文发表周期（有的期刊快，从录用到见刊几个月，有的则长达两年多）；②出书周期（撰写书稿时间、编校时间、印刷时间，选题是否合适，不同级别出版社的要求，书号）；③结项周期（是否可以提前结项）。

二、我计划、我充实：玩转科研的前提条件

（一）做好调研，让目标更加清晰

当我们了解所需之后，就要围着这个中心任务制订具体的计划、开展具体的工作。

先了解一下，我们的科研工作都包括哪些内容，这里以非学生身份的科研人员为例，单一学生身份的工作很简单，就是写更多的论文。

阅读各类文献，主要是期刊论文、硕博论文、著作，也包括各类资讯，然后是具体的论文或书稿的写作。

论文的工作，又可以细化为下载、阅读、整理和做笔记。

著作的工作，包括购买纸质书或电子书，阅读并做好笔记。我个人比较习惯看纸质书，看电子书也可以。

资讯的工作，包括浏览新闻、公众号、重要领导讲话等并做笔记。

写作的工作。

我再和大家沟通几个观点：我们要习惯事前做调研，明确各种规定，做到心中有数，根据规定去指导我们的工作；自己的事情，自己一定要操心，其他人没有帮助你、指点你的责任或义务。

下面我把自己的一点经历与经验分享给大家——你可以通过制度来了解毕业或职称晋升的条件。

第一步就是找到这些文件制度，其实单位的网站都有，研究生院网站、科研处网站、人事处网站。你进入单位就需要找到这些文件。

我是2016年博士毕业，2016年5月计划到现在的单位，5月初我就开始找这些文件来看了。大家可以比对自己，有多少人开始或未开始现在的角色时，就做到了未雨绸缪。

光找到这些文件制度还不够，你还需要去了解清楚这些文件，尤其有的文件在执行的时候要遵循一些默认的规则。这些规则需要你去向师兄、师姐、同事、人事处了解。

要明确文件里规定的具体条款，比如副高的评选，我单位2017年以前就是按照省里的规定执行。2018年起，副高的评选条件变为必须发表两篇CSSCI和三篇“北核”。那么，这种变化是不是每个新人都会事先去打听呢？

我们如果面临博士毕业，那就去找博士毕业的条件（文件），在入学之初就办这件事，然后确立自己的最低奋斗目标。总之就是关心自己所要完成的东西，解读、分析并明确如何实现它。

我是博士毕业一年后评的副教授，当时计划破格评职称。因为我看到破格的条件需要一本专著，于是，2016年暑假，我专门抽时间写了本专著，毕竟书稿写出来还需要联系出版社，出版也需要至少半年的时间。我还要对比分析出版社，尽可能让自己的成本最小化。论文发表也需要周期，所有的事都需要提前谋划。我的论文有的是读博期间投中的，我便申请推后见刊。就这样，我的职称之路磕磕碰碰总算走通了，但如果没有提前准备，恐怕事情的发展就是另外一种结局了。

（二）任务拆解，让我们的时间利用更加明确

接下来，我们就需要对要完成的具体任务进行拆解，这就涉及下载文献、看文献、看书、阅读一些资讯……我的建议是，明确这些活动各自需要多少时间。

我们以论文为例，对其进行细分。

（1）下载论文：下载数量，下载时间。

（2）阅读论文：阅读方式，阅读时间。

（3）搭建框架：构思框架，修订框架。

（4）撰写论文：不同章节的撰写，格式修改。

当把写论文的工作细分为不同的小步骤后，我们就可以针对不同小步骤的工作要求进行安排，可以有效利用起日常碎片化的时间。

我们还要做好活动的前期计划，需要对不同工作进行明确的规划，了解不同活动需要的时间，比如下载几篇论文可能需要几分钟，集中阅读十几篇文献可能需要半个多小时，阅读一本书需要一周。

我们还要明确不同活动需要的场景。比如下载论文、撰写论文在我们吃饭、走路时无法做，吃饭、走路是可以阅读资讯的，坐车、开会时也可以看点东西。

明确不同活动需要的工具。下载论文需要电脑和网络；阅读纸质书需要购买或借来纸质书；阅读电子书需要电子阅读器与电子书；阅读论文、做笔记、写论文等都需要电脑。

接下来，我们需要对时间进行拆分，根据工作项目，对时间进行规划，可以按天规划，也可以按周规划。换句话说，就是按天、按周进行时间的拆

分。我们还需要对一些特殊情况的时间进行整理，包括定期的特殊时间与不定期的特殊时间。

三、我自律、我奋斗：碎片时间的精细管理

这里我想分享给大家一些利用时间的具体策略。

（一）自我反思，我们到底浪费了多少时间

我们每个人都需要反思一下：

（1）每天如何度过：学习、阅读、玩、荒废？

（2）每天有多少空余时间：吃饭时、课间、开会、听报告、坐车、陪孩子上课？

（3）哪些时间可以做事，不同的时间段做不同的事。

虽然很多人都在自己的工作生活中扮演多个角色，都有家庭，有工作，每天碎片化的时间构成了自己忙碌的一天。但是，时间真的是可以挤出来的。

（二）自我加压，我们如何每天挤出时间

时间如何挤出来？我根据自己的做法整理了一些经验。每个人只要想做，也一定能做到。问题的关键在于你是否真的愿意这样做。

这里我更想说的是，在了解前面所要做的工作所需时间的基础上，根据每天碎片化时间的长度来做事情。

比如：中午吃过饭，在学校准备下午上课，那么中午是否可以拿出半小时下载文献。

坐公交车去某地，需要半小时以上，那么是否可以拿一本书看一下。很长一段时间，我坐公交、挤地铁，哪怕是站着也会看书。

在车站、机场，坐高铁、飞机，等待的时间我可以写论文、看文献、看书。

接送孩子去上课，在教室外面陪读的时候，我也会写上几段论文。

甚至上厕所的时候，课间十分钟，我们也还可以翻阅下手机上一些微信号、期刊的公众号、网页新闻。

为了实现你的目标，得到你想要的，你就需要付出更多，还需要把碎片化的时间充足、有效、灵活地利用起来。

大家的差异在于别人努力的时候，你对自己放松了。长此以往，差距就越来越大。

（三）工具赋能，我们需要哪些利用时间的设备

第一我们要有一个包，轻巧、方便、结实、耐用，可以是背包，也可以是拎包，只要能装下你的笔记本电脑就行。

我们还需要一支笔、一个笔记本，方便随时想到什么就记下来，尤其是一些点子、灵感和思路。

有条件，尽量买一个储存容量大的手机，能安装一些软件工具，建议开通每月大流量的网络，能用热点上网，因为不是每个地方都有无线网。

一台笔记本电脑，最好是待机时间久又轻巧的。

我会定期买一些书，逼着自己去读，就用碎片的时间读，其实几天就可以看完一本。

我们可以使用一些阅读器。有些书很难买，可以考虑孔夫子网站或者淘宝、京东的影印本。

我们还需要一支录音笔，去开会，和导师、朋友交流时用得上。

最关键、最重要的——你需要随时带上你的脑子。不动脑子，不想学，说再多都没有用。

（四）破解干扰，我们一切为了利用好时间

还有最后一点和大家分享，就是一些其他的因素。

毅力。没有毅力是不行的，尤其我们做科研经常被打击，会沮丧、失望、灰心，所以要有毅力。

恒心。没有恒心就无法坚持做一件事。我们不要刚开始火热，但是执行

后，发现太难了，就不想继续了，那么你和别人的差距也就拉大了。

压力。这个也是动力。我们要时刻给自己压力，尤其是不想做的时候，就想想我毕不了业了，我评不上职称了，一步晚，步步晚。

我知道许多学校这几年评职称条件一直在提高。前几年能评副高的，现在年年跟不上政策的变化。所以，我们只能自我加压，你没有成果，那就是你给自己的压力不够。

我是工作多年才读的博士，必须在35岁之前毕业，否则进不了高校。然后，我用了三年时间毕业，在同一级的同学里算是少有的。我想缩小与直接博士毕业的同事之间的差距，所以只能自我加压。我博士毕业进入高校后，只用了一年时间就评上了副高。

所以，不是你做不到，是你自己不想要，不想做。

最后，我和大家聊聊脸皮这个东西。要做到以上这些，我们一定要厚脸皮、脸皮厚，不管其他人怎么看，怎么说，我们就这么做。

第九章

听“大牛”的意见，论文才不会被编辑在初审中毙掉

通过前面的学习，我们了解了一些关于论文写作的宏观或中观的技巧，本章将分享一些微观层面的论文写作技巧。这些技巧大家常常忽略，但只要用心去做很快就能提高论文质量；这些技巧更需要大家仔细学习与模仿，掌握了它们，你写出来的论文水准就能提高一大截；使用这些技巧来修改我们的论文，就能提升论文通过编审的概率。

01 “四美”论文就是这样轻易地俘获了编辑的芳心

结合自己多年的经验，我认为一篇好的论文应该体现出“四美”原则。何为“四美”原则，如何实践论文的“四美”原则，这就需要大家仔细阅读本节的内容，也要结合本节内容的讲解，将其应用到自己实际的论文写作中。

一、编辑眼中赏心悦目的论文应具有的“四美”原则

好的论文，七分靠写作三分靠打扮，一些用心打扮的论文能直接提升其质量，尤其是帮助我们降低论文在期刊编辑初审时被毙掉的概率。我个人在学术私训营里多次说过，要提高论文的阅读美感。这里我将毫无保留地告诉大家一些提高论文美感的方法与技巧。

我们需要记住，编辑眼中赏心悦目的论文应符合“四美”原则。论文的美感主要涉及四个方面，分别是结构的美感、内容的美感、阅读的美感与标题的美感。如图9-1所示。

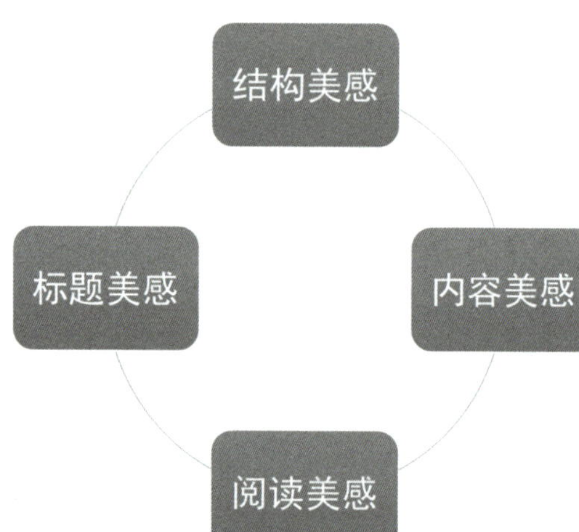

图9-1 论文的“四美”原则

二、如何提高论文的结构美感

我们一起来看看论文的结构美感。“结构美感”是指一篇论文具有逻辑

清晰、框架合理的结构。这种结构美感体现在以下几方面：

（一）论文的整体框架要合理

每一类论文都有较为固定可参考的框架。比如：“三段论”类型的论文，基本都会涉及研究主题的现状、问题与对策；假设验证性论文基本都会涉及假设提出、实证分析、研究结论等部分。当然这只是参考，但即便如此，论文的框架结构也一定要做到清晰、明确、精练，不能东一榔头西一棒槌，让人看完后不知所云。

论文的整体框架需要注意体现出论证的逻辑，比如采用由大到小、由远及近、统计并列、逐层深入等的逻辑方式，这样就能根据框架结构来牵引编辑、审稿专家与读者的阅读思路。

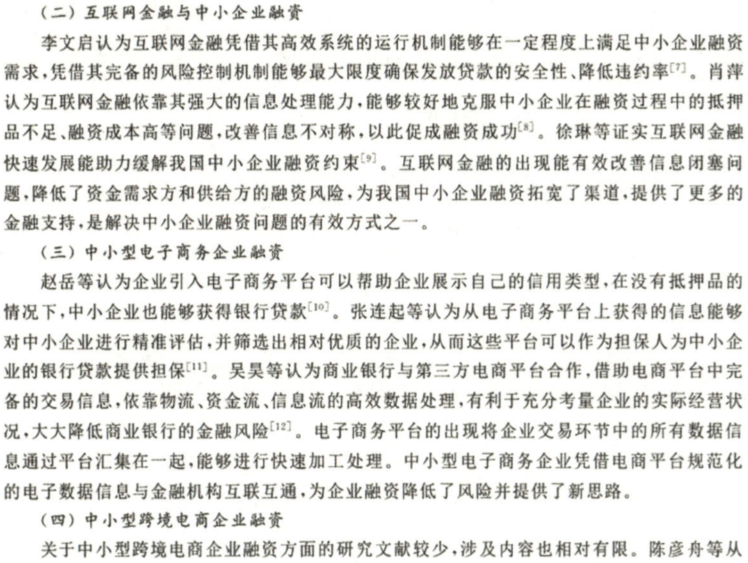

（二）互联网金融与中小企业融资

李文启认为互联网金融凭借其高效系统的运行机制能够在一定程度上满足中小企业融资需求，凭借其完备的风险控制机制能够最大限度确保发放贷款的安全性、降低违约率[7]。肖萍认为互联网金融依靠其强大的信息处理能力，能够较好地克服中小企业在融资过程中的抵押品不足、融资成本高等问题，改善信息不对称，以此促成融资成功[8]。徐琳等证实互联网金融快速发展能助力缓解我国中小企业融资约束[9]。互联网金融的出现能有效改善信息闭塞问题，降低了资金需求方和供给方的融资风险，为我国中小企业融资拓宽了渠道，提供了更多的金融支持，是解决中小企业融资问题的有效方式之一。

（三）中小型电子商务企业融资

赵岳等认为企业引入电子商务平台可以帮助企业展示自己的信用类型，在没有抵押品的情况下，中小企业也能够获得银行贷款[10]。张连起等认为从电子商务平台上获得的信息能够对中小企业进行精准评估，并筛选出相对优质的企业，从而这些平台可以作为担保人为中小企业的银行贷款提供担保[11]。吴昊等认为商业银行与第三方电商平台合作，借助电商平台中完备的交易信息，依靠物流、资金流、信息流的高效数据处理，有利于充分考量企业的实际经营状况，大大降低商业银行的金融风险[12]。电子商务平台的出现将企业交易环节中的所有数据信息通过平台汇集在一起，能够进行快速加工处理。中小型电子商务企业凭借电商平台规范化的电子数据信息与金融机构互联互通，为企业融资降低了风险并提供了新思路。

（四）中小型跨境电商企业融资

关于中小型跨境电商企业融资方面的研究文献较少，涉及内容也相对有限。陈彦舟等从

图9-2　逻辑框架示例

如图9-2所示，我曾在《江苏海洋大学学报（人文社会科学版）》发表了《中小型跨境电商企业融资障碍及应对措施》一文，文献综述的内容框架采用了研究范围围绕研究主题逐次缩小的技巧，即：“中小企业融资”—“互联网金融与中小企业融资”—“中小型电子商务企业融资”—“中小型

跨境电商企业融资”。

（二）论文的论点要清晰、明确

论文都会涉及论点，也就是论证的要点，这些论点不仅要清晰明了，更要与论文框架相呼应。每个框架都需要合适的论点支撑，同时框架又能辅助论点的表达。论文论点的清晰更体现在每个标题的提炼上，这将在后面给大家一一揭秘。

这里我先披露一个小技巧，比如我们在撰写每段内容时，要么先用一句总结句进行提领，后面围绕这句总结句进行论证、解释或者展开论述；要么先进行内容的论述，结尾用一句总结句加以概括。

（三）论文的分段要合理

论文的标题构成了论文的整体框架。不管是一级标题、每个标题下的小标题抑或是具体内容的分段都需要正确合理。论文不是散文，需要具有一定的逻辑性与条理性，分段常需要去呼应论文框架。

分段不合理会体现在以下几个地方：

（1）引言部分分段过度。引言基本只需三段便可描述清晰。有些作者不太注意这一点，一个引言洋洋洒洒写了三四千字、七八段，这样就显得臃肿了。

（2）同级标题的分段建议相同或差别不大。比如针对某个发展现状进行了三个子标题的体现，第一个子标题分了两段，第二个子标题分了一段，第三个子标题分了三段。这样的结构一点也不美观，最好分段数量相同或相近。

（3）具有前后逻辑关系的内容，论点数量、段落数量、标题数量建议相互呼应。一篇论文提出了四个问题，那么对策部分也建议一一对应给出四个措施。

（四）同级段落或标题内容分配要合理

不管是大标题的段落，还是小标题的段落，我们都需要注意各段落在内容字数方面的分配与比例。段落不能头重脚轻，更不能头轻脚重或者中间大肚子，尤其在同一级标题下面更是如此。比如，我们说了几个对策，分为一，二，三……其中每个策略大致都说了四五百字，但忽然其中一个策略就只写了100多字。这样给人的感觉就是这一个策略没说明白或者干脆就是凑数的，让论文看起来非常不协调。如图9-3中的左图，两个同级的段落之间字数差别较大，看起来感觉结构不整齐，缺少美感；再如右图，各段落之间的字数相差不多，这样看起来结构整整齐齐，给人一种舒服的感觉。

实商品或服务，然后到线下商铺进行实体消费、体验或者实体店取货。另一种是“线下到线上”（Offline to Online），消费者通过线下实体店体验或选中商品或服务，然后通过线上下单来预订或购买。

1.2　O2O 的特点

O2O 是移动互联网的产物，受移动互联网的影响颇深。相对于传统电商，比如 B2C 和 C2C 模式，O2O 在保留他们部分特点的基础上，又有所不同。O2O 不仅是将线下的生意搬到线上来，更重要的是实现线上和线下的互动。

1.2.1　移动化

O2O 深受移动互联网的影响。在移动互联网时代，移动性不再拘泥于 PC 时代的“在线”概念，伴随着智能手机和平板电脑的盛行，移动性能够做到随时、随地和随身，通过 O2O 可以实现任何时刻都能把消费者、商品和门店连接起来。据《2014 中国移动互联网用户行为洞察报告》资料，在调查样本中，有 91%的人预计会在未来 1 年内通过移动端进行消费。而手机和平板电脑已经超过 PC 成为人们上网的工具，尤其在三四线城市、农村乡镇、偏远地区，智能手机的普及推动了移动消费，同时促使移动性成为 O2O 的一大特点。

左图：段落缺少美感

1. 严重影响营收、成本与现金流，加剧企业生存危机

营业收入、成本支出与现金流是企业经营的核心，也是中小微外贸企业存活的关键所在。“新冠肺炎”恰恰严重影响到中小微外贸企业的营收、成本与现金流。如前文所述，这次疫情导致中小微外贸企业营业收入剧减、成本支出加大、现金流大幅减少。如疫情无法得到有效防控，许多中小微外贸企业将无法有效运营，亏损将不断增加，甚至引发企业破产风潮。

2. 产业及企业规模不同会导致影响层面与程度有差异

无论从产业差异，还是从企业规模差异看，疫情对企业的影响层面与影响程度都存在差异性。这主要是企业所处产业属性与企业规模不同所导致的。如前文所述，第二产业受到疫情影响的损失小一些，第二产业的复工意愿高于其他行业，第二产业面临的供应链压力最高，第三产业受到的交通物流阻滞影响最大，第一产业被疫情影响的营业收入减少程度最高，第一产业和第二产业的流动资金压力显著高于第三产业。中型企业损失小于小型与微型企业，不同规模的企业对疫情带来的压力评价各有不同，中型企业的账面资金情况要远优于小型企业与微型企业。

3. 产业及企业规模不同导致企业自救与政策诉求有差异

企业因产业差异与规模差异，在受到“新冠肺炎”影响下的企业经营计划和政策诉求会存在差异性。这也主要是由行业属性不同与规模差异所导致的。如前文所述，第三产业希望可以早复工，第一产业更愿意积极开拓市场，第一产业更希望得到政府政策与资金帮扶，第二产业更偏好加快企业转型，第一产业对政策诉求面更广、需求力度更大。中型企业更希望政府帮助企业宣传，而小型与微型企业更偏好租金、水电气补贴与减免。

右图：段落比较整齐

图9-3　段落美感示例

三、如何提高学术论文的内容美感

接下来，我们一起交流一下论文的内容美感。论文的内容美感除了注重论文论证的逻辑外，还要体现出作者的文字功底。论文的撰写对我们语文功底有一定的要求，文字与语言基础需要自己下功夫去提升。

现在核心期刊对论文字数的要求越来越多，基本在8000字以上，有的要求1万字、1.2万字、1.5万字甚至2万字到2.5万字。这个时候，许多作者就只能为了凑字数而写，从而导致论文废话多，又显得冗余，这样就需要在修改的时候，把一些无关的内容和文字删掉，确保论文精练、简明。

好的论文能引人入胜，能牵引着读者的思路向前走。为了提高论文的内

容美感，在撰写或修改论文时，我们要注意论证的连续性、逻辑性。

在论文段落的开头，我们可以用一些技巧来吸引读者的注意力，比如令人印象深刻的引语、事实、格言等，当然也不是一定要这样做，毕竟学科不同，论文风格也会有差异。

好的开头很重要，其实结尾也挺重要的，我们要做的就是尽量避免虎头蛇尾的情况，结尾做到余韵悠长。

四、如何提高学术论文的阅读美感

阅读美感就是论文读起来觉得轻松，愿意读下去，编辑、审稿专家及读者拿到论文后，读起来很通畅、很舒服。阅读美感只需要我们稍加注意就能做到。但如果论文读起来很费劲、很晦涩，就容易给编辑、审稿专家一种不被重视的感觉，当有这种念头出现在编辑或审稿专家脑海中，他们一定会对论文产生负面的评价。

（一）形成自己的写作风格

我们一定要尝试着去形成自己的写作风格，这需要长期积累。我这几年逐渐意识到这个问题，翻出前些年自己写的论文再读了一遍，感觉真是惨不忍睹。经过这几年的训练，我的论文也逐渐形成了自己的写作风格与用语特色。

（二）规避一些硬伤

论文的硬伤包括格式问题，还有错字、病句等。这些硬伤只需要稍微留意，就能避免，所以我们不能掉以轻心。除此之外，还有下面一些点也容易被论文作者忽略，尤其是初涉科研的朋友。

（1）图表的标题位置不对。正确的做法是：图的标题在下面，表的标题在上面。

（2）图表紧跟着标题，看完标题就看到了图表。

（3）少于两行的内容单独成段。

（4）表格太长，一个表格排了两三页。

五、如何提高学术论文的标题美感

标题美感能凸显论文整体的美感，因为标题一般比较显眼。如何增强标题美感呢？我建议大家多看一些政府公文，尤其是国家机构的。如图9–4所示，这是我从国务院官网随机找到的一个政府报告资料，它不仅同一段落内容长短做到整齐，更体现了标题的一致性。

——坚持就业导向、政策协同。继续把就业摆在经济社会发展和宏观政策优先位置，作为保障和改善民生头等大事，把稳定和扩大就业作为宏观调控的优先目标和经济运行合理区间的下限，根据就业形势变化，及时调整宏观政策取向、聚力支持就业。

——坚持扩容提质、优化结构。兼顾容量、质量与结构，抓住主要矛盾，在多措并举创造更多高质量就业岗位的同时，更加重视日益凸显的结构性就业矛盾，聚焦劳动者技能素质提升，突出抓好技术技能人才培养培训，推动形成劳动力市场更高水平的供需动态平衡。

——坚持市场主导、政府调控。推动有效市场和有为政府更好结合，既要坚持市场化社会化就业方向，加快破除制约就业的体制机制障碍，充分发挥市场配置劳动力资源的决定性作用，又要强化政府责任，优化整合各类资源，为促进就业提供强有力政策支持和基础性服务保障。

——坚持聚焦重点、守住底线。紧盯就业领域关键环节和突出问题，瞄准重点地区、重点行业和重点群体，制定更加精准有效的举措，因地因企因人强化分类帮扶援助，切实兜牢民生底线。

图9–4　标题示例1

（一）同级标题的对称美

同一级标题要讲究字数的相同或相近。比如一个标题十几个字，另一个只有几个字，这样整体看上去就很不美观。各标题应该尽量采用同样的语法结构，比如都是主谓结构、动宾结构、偏正结构等，乃至一些措词用句也可以尽量接近。

这里我以政府公文为例给大家示范一下，我们搜索国务院办公厅，打开官网，点击政策选项，随便找一个文件，比如上面提到的图9–4，小标题的长度都一样。再往下看，“（九）全面升级创业服务”这里的小标题，不仅字数一样，语法结构也基本一致。这样的标题就非常有美感，如图9–5所示。

（九）全面升级创业服务。

打造全生态、专业化、多层次的创业服务体系。加快完善创业服务网络。加强服务队伍建设，为创业者提供政策咨询、项目推介、开业指导等服务。推广创业导师制，推行科技特派员制度，支持科技领军企业、高技能人才、专业技术人才等到基层开展创业服务。实施创业带动就业示范行动，组织各类创业大赛和创业推进活动，办好全国双创活动周，开展创业型城市示范创建，营造浓厚的创业氛围。

建设特色化、功能化、高质量的创业平台载体。构建众创空间、孵化器、加速器、产业园相互接续的创业平台支持链条。创新创业孵化载体建设模式，支持大企业与地方政府、高校共建，提高利用率。实施全国创业孵化示范基地改造提升工程，强化服务质量管理，提升孵化服务功能，新认定一批国家级创业孵化示范基地。优化双创示范基地建设布局，充分发挥双创示范基地示范带动作用。鼓励地方开辟退役军人创业专区和退役军人就业创业园地，依托各类产业园区建设一批返乡入乡创业园，加强大学生创业园等孵化载体建设。支持地方进一步加快建设留学人员创业园，持续推动省部共建。

图9–5　标题示例2

的产业集群。国内市场效应是依托跨境电商助推形成国内国际双循环的重要途径。

2.跨境电商带来了成本节约效应

贸易成本是影响国际经济循环的关键因素。贸易成本不仅可以细分为固定成本与可变成本，还可以分为交易前期成本、交易中期成本与交易后期成本。跨境电商促进了贸易便利化，并通过贸易便利化间接降低贸易成本，包括固定成本和可变成本[16]。跨境电商与传统产业融合在改变企业成本结构的同时，也大幅度降低其贸易成本，刺激更多的企业积极通过跨境电商方式参与出口贸易活动。大力发展跨境电商，既能够降低交易前期的贸易成本，还能够降低交易中期与交易后期的贸易成本[17]。从贸易成本产生的三个阶段看跨境电商对国际经济循环的成本节约效应：在交易前期阶段，跨境电商加速全球的信息流动与供需匹配效率，改善交易前的信息不对称问题，能够有效降低宣传成本、调研成本、搜寻成本与匹配成本；在交易中期阶段，跨境电商实现了沟通的即时性，降低了企业间的沟通成本、协调成本与合同签订成本；在交易后期阶段，跨境电商及其配套的支付系统、物流协同及综合服务系统，有效降低了交付成本、订单管理成本、客户沟通成本、物流运输及配送成本。

3.跨境电商推动了要素跨境配置

跨境电商加速了要素在国内与国际范围配置的市场化，驱动了要素的市场配置效率，拓宽了要素的市场配置范畴，降低了要素市场的信息不对称困境。跨境电商通过数字技术及其数字平台的搭建，驱动了数据要素向传统要素的渗透与融合，进而能有效提升要素质量。跨境电商平台尤其独立站的兴起，使得企业能够成为独立的市场主体来配置生产要素，通过减少商品流通环节，加速了消费端与生产端的衔接时间与效率，尤其通过借助大数据、云计算、区块链等数字技术，实现了消费端定制化，也提升了企业对生产要素参与的积极性与话语权。数据跨境的加速流动，也从全球范围内推动着技术、资本、劳动力与土地等传统生产要素的系统性变革与优化重组，刺激了传统产业向数据化、智能化方向转型。通过要素优化组合，企业借以实现了要素能够在不同部门间、不同主体间、不同地区及不同国家间的分配与组合，尤其推动要素由低效领域转向高效领域，改善传统要素市场的资源错配难题。

4.跨境电商深化了国际分工合作

在国际分工合作中，企业是最活跃的要素。跨境电商依托其高效的网络衔接效用，不仅推动了跨国企业、行业龙头企业及大型企业布局全球市场、深度参与国际分工，也降低了中小微企业在全球价值链的嵌入难度，促进了中小微企业既能融入国内产业分工体系，也能促进国内产业分工链条在全球产业链的嵌入。我国企业多采用“双重嵌入”模式参与到全球价值

图9–6　同级标题示例

同级标题的对称是我屡试不爽的宝贵经验，也充分体现在我自己的论文写作风格上。如图9-6所示，不仅标题字数相同，语法结构、词语搭配等方面也接近，甚至采用同义词或近义词进行相互替换，以此来弱化同一个词多次使用给读者带来的阅读疲劳。如：分别使用了“带来”“推动”“深化”等动词。

有一点需要强调，同级标题的美感要水到渠成，不能过度化，也不能生搬硬套，不能为了体现这些而固化我们的思维。比如有个标题的内容决定了无法使用相同的字数，那么字数接近即可，否则就真成了邯郸学步了。

还有一点，标题的最后我不建议使用标点符号。我在审稿时，见到了太多标题最后加句号的情况，尤其在标题采用了一句话的表述，中间有逗号的情况时。即便是这样的情况，我仍旧建议去掉标题最后的句号。因为这是标题，只是标题的字数相对长一些而已，并非一句话或者一个段落。

（二）同级标题的逻辑美

同级标题需要强调逻辑美感，就是说这些标题之间最好存在一定的关系，不能没有章法，随心所欲。同级标题的逻辑美也是论文结构美感与阅读美感的体现，要知道标题是内容的高度浓缩与提炼，也是编辑与审稿专家重点阅读的地方。通过审阅标题，他们就能看出论文的撰写逻辑和质量。

同级标题常见的逻辑关系主要有并列、递进、层次、矛盾等关系。如图9-7所示，分别展示了层次、并列与递进的逻辑关系：在（1）中，先论述了总样本，然后对不同分样本进行论述，体现了由大到小的逻辑关系；在（2）中，分别论述了“时间维度”“内涵维度”，体现了论文主题两个平衡的分析视角，体现出并列的逻辑关系；在（3）中，先论述了“问题”，紧接着提出了“建议”，体现了递进的逻辑关系。

（六）中小企业数字化转型的政策诉求

1.基于总样本的分析

由表8可知，超过40%的中小企业有数字化相关培训、信息系统建设、数字化转型规划、政策解读等方面的需求，其中又以对数字化相关培训的需求最多。这表明，中小企业对数字化转型的政策诉求是多方面的，它们既不了解数字化转型，又缺乏数字化转型所依托的系统建设与规划。

2.基于企业发展阶段的分析

从企业发展阶段看，中小企业对数字化转型的政策诉求与总样本略同，但不同发展阶段中小企业的表现与总样本存在一些差异，且不同发展阶段中小企业之间的差异也比较大，这不仅体现在政策类型上，也体现在对政策的需求程度上。

（1）

三、数字经济、跨境电商与数字贸易的演变轨迹

（一）以时间维度看数字经济、跨境电商与数字

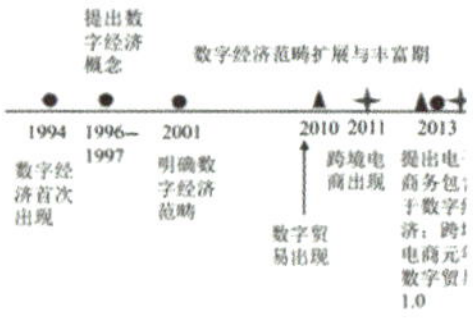

图1 数字经济、跨境电

（二）以内涵维度看数字经济、跨境电商与数字贸易的演变

数字经济在20世纪90年代出现后，历经二十

118

（2）

三、关于零工经济的特征问题分析

（一）零工经济特征归纳的问题

零工经济具有一些显著的特征，无论是传统背景下的零工经济，还是互联网发展下的零工经济，都会表现出一些典型的特征，但这方面常被现有的研究忽略，抑或即使零散体现在个别文献中，也只是将其总结为用工特征，如“临时性”“任务化”等[7]；关于零工经济特征归纳方面的问题，还表现在不同学者存在显著的观点差异，这也与其内涵界定的差异有直接关系。

（二）零工经济特征归纳的建议

本文从上文对零工经济概念的界定出发，主要剖析互联网经济与数字经济背景下零工经济的典型特征，既包括从传统模式延续过来的显著特

（3）

图9-7 同级标题逻辑美示例

（三）不同层级标题的逻辑美

首先，论文存在不同层级关系的内容体现，这也反映在论文不同层级的标题上，或者我们可以界定为大标题与小标题的逻辑关系。

其次，论文不同层级标题的逻辑体现在大标题需要涵盖小标题，也就是下一级标题的范围要小于上一级标题，不能存在相同或大于上一级标题的情况。许多作者常常混淆上下级标题的内涵区别，如图9-8，该部分的上级标题是论述疫情给跨境电子商务带来的有利条件，但是“3.加速跨境电子商务行业洗牌进程”这个标题，我们仔细推敲就会发现并非体现了这一点，或者说这并不是有利条件的表现与范畴。所以，大标题要能涵盖小标题，小标题却不能超出上一级标题的范畴。

3. 加速跨境电子商务行业洗牌进程

席卷全球的疫情让大部分跨境电商者无法应从，疫情会导致这些企业发货延迟或打乱补货计划，甚至会出现断货危险。这类企业会因为疫情而遭遇生存危机，势必会引发一轮行业洗牌。这次疫情对从事跨境电商的企业管理、供应商管理、资金管理、营销管理、物流管理、人力资源管理等多方面都将带来很大考验，只有在生产、采购、内控管理、运营、资金等综合能力优秀的企业才有机会生存。疫情会刺激一些跨境电商新模式，产生一些新企业，这些行业将迎来新一轮高速发展，势必会吸引更多资本，进而会引发新的资本逐利风潮。

lenovo
不是有利条件

图9-8 不同层级标题的逻辑示例

最后，我们要注意标题与内容的匹配关系。就是要确保所论述的内容是对标题的阐述，也需要在标题的约束范围内，既不能让内容与标题无关，也不能让内容超出标题约定的范畴。

（四）标题的适度点缀很有必要

我们在看文献的时候，会发现一些有意思的标题，独特新颖又有个性。比如《“诅咒”还是“福音”：资源丰裕程度如何影响中国绿色经济增长？》，这样的情况也会在论文的二级或三级标题中体现。我个人认为是可以模仿学习，但不建议生搬硬套。

02 听“大牛”的话：如何规避论文格式的致命伤

在我审稿的经历中，经常拿到第一印象就很不好的论文，这些论文充斥着一些让人无法容忍的错误，反映了作者写作态度的不端正，有些是因为马虎造成的，也有些是因为作者对论点的不了解。这些错误虽然不大，但都是论文硬伤。我与许多编辑同行交流过，大家普遍反映，具有这些硬伤的论文，初审被毙掉的概率特别大。而且这些硬伤看起来很简单，都是作者最容易忽略的地方。当然，规避也比较简单，只需要我们稍微注意一下即可。

一、关于正文标题的硬伤

首先我们看一下正文标题和序号，这些硬伤虽然不大，但若发生在论文正文的标题上，会特别明显，也会被编辑与审稿专家关注，因为标题是编辑与审稿专家都会重点阅读的地方。以下关于正文标题的要点：

（1）正文的标题力求简短、明确，标题末尾不用标点符号（问号、叹号、省略号除外）。

（2）正文的标题字数也有限制，不宜太短，比如三五个字；也不宜太长，比如超过一行。当然个别情况除外，在必须的要求下，标题长度是可以一行多一些，一般是由两个小句子构成一个标题。

（3）正文的标题层次不宜过多，一般不超过五级，五级是上限。

（4）正文的标题的层次序号可采用一、（一），也可以使用1，1.1。前面的多用于人文社科，后面的多用于自然科学，具体看期刊的要求。

（5）正文标题的层次序号不宜用①，这样会与注释号混淆。

二、关于论文正文内容的硬伤

论文正文的撰写需要遵循一定的规范，这些规范有的是编辑出版标准，有的是科研圈里通用的惯例。常用的论文写作规范有以下几点：

（1）用字应符合现代汉语规范，拒绝口语、白话、文言文。

（2）标点符号使用要遵守《标点符号用法》（GB/T15834—2011）的规定。

（3）插图和照片应比例适当，清楚美观。

（4）表格应结构简洁，具有自明性。

（5）文稿中的计量单位应严格执行《量和单位》（GB3100～3102-93）的规定。

三、关于论文中引文的硬伤

论文会用到一些引文，引文更多使用在偏人文社科领域的论文中，尤其需要通过引文来印证或支撑的论文。论文中如果需要引文，我们要重视以下几点：

（1）独立成段的引文，可不加引号。

（2）具体行文中的引文，只要不是单独成段的，无论是句、词都必须加引号。

（3）引文里再引文，则里面引文用单引号，外面用双引号。

引文末尾的标点该如何使用，要注意以下两点，即：

（1）凡是把引用的话独立来用，末尾的标点放在引号的里边。

例：叔本华说：“当人们把痛苦和磨难都归于地狱后，那么，天堂所剩之物就只有无聊了。”注意这个标点句号是放在引号里面的。

（2）凡是把引用的话作为作者自己的话的一部分，末尾不用标点。

例：“满招损，谦受益”这句格言，流传到今天至少有两千年了。注意这里的引用末尾是没有标点的。

有的论文引文也会用到注释，关于注释的格式，我们要遵循这几点：

（1）引文后的注释序号标记在引文之末右上角，占一个字的位置。凡独立使用的引语，注释号放在引号外。如前面的引文例子，叔本华说："……无聊了。"①

（2）凡把引语作为作者自己话的一部分，注释号紧接引号之后。如前面的引文例子："满招损，谦受益"②这句格言……如在全句末尾时，放在全句标点之内，如：现代画家徐悲鸿笔下的马，正如有的评论家所说的那样，"形神兼备，充满生机"③。

四、关于论文参考文献的硬伤

绝大多数论文都有参考文献。关于论文的参考文献，也有一定的格式要求。以下几点内容，都需要我们在写参考文献时格外注意。

（1）参考文献的著录应执行《信息与文献　参考文献著录规则》，但不是绝对的，不同期刊要求也不同。

（2）采用顺序编码制，在引文处按论文中引用文献出现的先后以阿拉伯数字连续编码。这是大部分期刊采用的规则，但也需要根据期刊的要求来调整。

（3）对于序号格式，不同期刊要求不同，有[1]，或①。

（4）至于参考文献的具体位置，不同期刊要求不同，有当页脚注，有文后标注。

总之，我们一定要了解目标期刊的格式要求。毕竟写好的论文总是要发表出来，这当然要听期刊的。如果我们不按照期刊的要求，初审时大概率会被拒稿，或者编辑都不会让论文进入后续的审稿流程与环节，如图9–9所示，该期刊就明确规定了投稿论文的规范要求，其中就有一点是关于参考文献的，如果作者未按照期刊要求撰写，论文就不会被提交专家审稿。

请检查所投文章是否满足以下要求，若不满足，请重新提交修改稿！只有规范好才会提交专家审稿！

1. 文献查重复制比要求在16%以下【编辑部检测】。

2. 文章必须有英文翻译（包括标题、作者、单位、邮编、摘要、关键词）；

3. 文章必须有作者简介，格式要求：作者简介：***（1986-），性别，籍贯（如：福建福州人），职称（如：副教授），学位（硕士/博士，但在读研究生，写硕士研究生、博士研究生），研究方向：***（金融市场）。

4. 参考文献要求：参考文献按GB/T 7714推荐的顺序编码制格式著录，附在文后【不建议使用word中引用功能来设置】，同时正文中也须用上角标标出引用文献的序号如[6]。如参考期刊类（何龄修，读顾城. 南明史[J]. 中国史研究，1998(3):167-173.）；参考图书类（刘国钧，陈绍业，王凤翥. 图书馆目录[M]. 北京:高等教育出版社，1957. 15-18.）

图9-9　期刊对参考文献格式的要求示例

五、关于论文中标点符号的硬伤

关于论文中标点符号的位置，我们要注意以下这些地方：

1. 正文中句号、问号、叹号、逗号、顿号、分号和冒号一般占一个字的位置，不出现在一行之首。

2. 引号、括号、书名号的前一半不出现在一行之末，后一半不出现在一行之首。

3. 破折号和省略号都占两个字的位置，中间不能断开。连接号和间隔号一般占一个字的位置。在书写时，破折号、省略号、连接号与间隔号这四种符号上下居中。

4. 着重号标在字的下边。

六、关于论文中数字用法的硬伤

关于论文正文中的数字用法，我们需要注意以下这些规则：

（一）应当使用阿拉伯数字的情况

（1）公历世纪、年代、年、月、日和时刻。

（2）“中华民国”纪年和日本年号纪年，如民国38年（1949）、平成三年（1991）。

（3）记数与计量（包括正负整数、分数、小数、百分比、约数等）。

（二）应当使用汉字的情况

（1）数字作为词素构成定型的词、词组、惯用语、缩略语或具有修辞色彩的语句，如：一律，“十五”计划、白发三千丈。

（2）不具有统计意义数字中的一位数，如一个人，三本书。

（3）星期几一律用汉字，如星期六。

（4）夏历和中国清代以前历史纪年用汉字，如正月初五，秦文公四十四年（公元前722）。

（三）年份不能简写

如1980年不能写作80年，1950—1980年不能写作1950—80年。

03 听“大牛”的话：学术论文修改的“三三三”原则

要提高个人的科研产出，还有一些问题是我们都无法回避的。这些问题也可以纳入论文撰写的一些观点里 ，因为大部分人都会遇到。每个问题背后也都凝练了许多的经验，也有相应的处理技巧。在这里，我与大家交流几个想法，它们很重要，虽然看似简单，但很有道理，对提高学术成果也很有用。

论文要想发表，既要写好，也要投稿投得好。有不少朋友论文写得还不错，但是投稿技巧还是欠缺，导致论文发表不了或者无法及时发表，尤其使用定期更新的数据，一直发表不出来，就会导致数据陈旧，造成浪费。

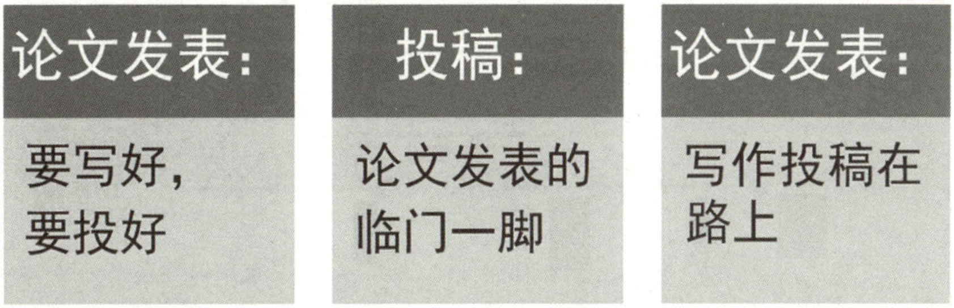

图9–10 论文发表思路

如图9–10所示，我分享一个论文发表的思路。投稿就像踢足球，盘带很好，马上到了对方门前，临门一脚却是臭球，那就功亏一篑了。所以，我们要重视论文投稿，注重投稿策略与技巧。

论文发表就是不停地写，不停地投稿，写作投稿一直在路上，如果很久不写论文或不投期刊，就会产生疏离感，再写论文就会发现自己很难进入状态。

我还要强调一个观点——好的论文是写出来的还是改出来的呢？有的人会说是写出来的，但是我认为修改也很重要。我的观点是五分写、五分改，才能产出好的论文。

当我们写好一篇论文，接下来的工作就是投稿，可以修改几次就投稿，也可以放上一段时间再拿出来看看，再次修改后再投稿。我也曾接触过后面这个方法，但我个人更倾向于写好论文后，好好修改完毕，马上投稿。稿件如果有审稿意见或者退修意见回来，就赶快根据编辑的意见修改，然后再投稿，如此循环，直到论文过稿。

关于修改论文，我独创了一个“三三三”修改原则，如图9-11所示。写好一篇论文，需要对它进行修改时，按照“三三三”原则进行修改，一篇好的论文就出来了。

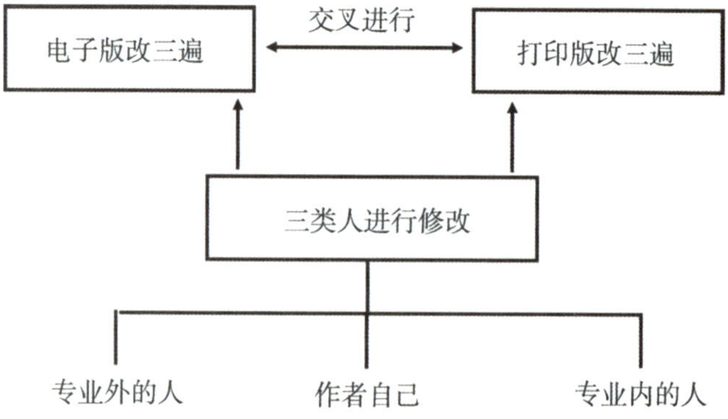

图9-11 “三三三”原则

第一个“三”是在论文电子版上修改三遍，第二个“三”是在论文纸质版上修改三遍。需要注意，这两个“三”应该交叉进行，即不管是电子版修改还是打印版修改，强烈建议电子版与打印版交替进行，也就是电子版修改一次，然后打印出来修改，用打印版的修改内容修订电子版，这样反复进行。

我更加推荐论文写好后，打印成纸质版进行修改，不要小看这道工序，在纸质版上修改，你会发现不少在电子版上看不到或者容易忽略的问题，尤其能发现一些排版错误、错字、语病等容易在电子版被忽略的论文硬伤。

第三个“三”是让三类人来修改论文。这三类人分别包括作者自己、专业内的人、专业外的人。所谓专业外的人就是和你的研究领域差异很大的，甚至不同学科的人。

大家一定要掌握这个“三三三”原则，严格按照它来修改自己的成稿论文，经过这一场修改，你的论文质量与论文美感一定能得到很大的提升。

04 遇到退修/退稿后，论文如何修改才能退有所值

无论你是主动热爱，还是被动接受，论文撰写都无法回避论文修改。关于论文修改，又可以细分为几种情况，比如论文初稿撰写完毕，我们需要进行多次的修改，以避免论文出现硬伤，提升论文质量；论文投稿前，我们依然要修改，尤其是按照拟投期刊的要求进行修改；大多数投稿都会面临退稿的情况，而且退稿时期刊能给有价值退稿意见的情况也比较少，但是每次退稿后我们都有必要对论文再进行修改。

有时候我们会收到退修信，编辑和审稿专家会给出或多或少的退修意见，此时我们该如何处理呢?

一、论文发表前无法回避的三个问题

我们先来看看以下三个问题。

问题一：论文写完大家都会如何做?

问题二：大家都是如何修改论文的?

问题三：面对退稿或退修，大家应该怎么做?

我们首先看第一个问题，即：论文写完大家都会如何做?

有的人会将写好的论文放上一段时间，然后再投稿；有的人会写完论文后，马上就投稿出去。我的建议是：针对写好的论文进行仔细修改，修改完毕后，再针对要投稿的目标刊物，进行格式、文字与排版的调整，然后直接投稿。

接下来我们看第二个问题，即：大家都是如何修改论文的?

大多数人习惯了对着电脑，在成稿的电子版上进行修改，这就涉及论文修改的方式。

为什么我们没有在纸质版的成稿论文上进行修改呢，有的人会说打印不方便，有的人更是没有打印纸质版修改的习惯。

再有，谁来修改我们自己完成的论文呢，这就涉及遴选修改论文的人，都有谁帮你修改，能否让编辑帮着先看看稿子呢?

我的建议是采用“三三三”修改原则。

最后，我们来看第三个问题，即：面对退稿或退修，大家应该怎么做?

众所周知，由于很多期刊编辑部人手短缺，一些编辑是学校教师在兼职，专职的人员不多，每年的收稿量又越来越大，尤其核心期刊这种情况更加严重。所以，大部分期刊不会给作者反馈论文退稿或修改意见。当然，也有少数期刊一直坚持着反馈意见的原则。

如果我们收到了编辑部发来的退稿意见或者在投稿系统里看到了论文的审稿意见，首先应该感到荣幸和庆幸，然后赶快根据意见修改论文。

当然，如果你不认同或者只是部分认同编辑与审稿专家的退稿意见，也不能忽略这些意见，更不能反击编辑，至少不能被编辑认为你在反击他。

我的综合建议是：（1）逐条修改，并逐条撰写修改回复；（2）修改的地方用其他颜色标注出来，以便编辑和审稿专家核对；（3）随修改的论文附一个修改说明。

此外，对于编辑与审稿专家的修改意见，是无条件服从，还是坚持自己认为对的地方，我的建议是最大限度地去修改论文，同时也要坚持自我，但不是顽固不化。

二、论文写完大家都会如何做

论文初稿撰写完毕，我们需要对初稿进行仔细的修改，确保论文没有明显硬伤，确保论文质量与可读性没有再提升的空间，然后再针对拟投的期刊进行论文的包装，不少期刊都对论文的格式，包括字体、字号、行间距、框架等有明确的要求。如果期刊对投稿论文的格式没有明确要求的，我们就需要从中国知网找到这家期刊最新发表的论文，下载后比对着见刊的论文格式来修改。

三、大家都是如何修改论文的

如前所述，论文完成后，我们都会对其进行修改。大多数人习惯性地在电脑上修改电子版。我前几年也是习惯这样做，但是偶然一次把电子稿打印成纸质稿后（电子版修改过两次），还是在稿件里发现了一些错字和语病。从那以后，我每次完成论文后，都会在纸质版上细心地修改，然后再根据纸质版的修改内容去修改电子版，这样反复多次，论文的质量就再也没有出过问题。

接下来我们仔细谈谈修改论文的事情。毫无疑问，我们自己的论文大多是自己修改，但其实这样做不是很合适，因为我们自己写的论文，在修改时容易陷入当局者迷的状态，会忽略掉一些问题。我还记得小时候听过的一个故事：白居易每次作完诗后，都会读给一位目不识丁的老太太听，通过这种方式来修改与完善自己的诗作。这个故事对我很有启迪，我每次写完论文，自己觉得满意后就会拜托不同的朋友来对论文进行修改。我们可以找三种人来帮助修改论文，第一种人是小同行，第二种人是大同行，第三种人是外行，甚至还可以让我们带的研究生、本科生帮助修改论文。如果有条件，我们还可以拜托一些期刊的编辑帮忙。

四、关于退稿或退修，大家如何做

关于论文退稿或退修，可以分以下几种情况来分析。

第一种情况，多次投稿都退稿，没有退稿意见或者退稿意见毫无价值。众所周知，大多数期刊在退稿时都不会给退稿意见，即便给了意见也毫无价值。比如我曾收到过某家期刊的退稿意见，就一个数字——“13”；还有期刊给我列出来十几条不予采纳的意见，退稿意见是“基于上述一点或几点”。这些严格说起来根本算不上退稿意见，没有任何价值。如果我们多次投稿都没有收到退稿意见，除了继续投稿，还需反思自己是否应该对论文进行大的修改。

第二种情况，退稿时给出退稿意见，并且意见有价值。当收到有价值的退稿意见时，这是一个还不错的结果，我们需要仔细琢磨，然后结合意见对论文进行修改与完善。

第三种情况，初审、外审或终审时，编辑或专家给出退修意见。这些退修的程度有大有小，有修改后发表、修改后再审等情况。其实不管哪种情况，如果我们想在这家期刊发表论文或者增加这家期刊的录用概率，那就必须针对修改意见修改论文。这里有几点需要注意，建议大家参考使用。

第一点，针对修改意见，逐条进行修改。

第二点，逐条修改后，还要提供一个修改总结。

第三点，看清楚期刊的修改要求，是“批注”模式，还是“修订”模式；是需要在原文上修改，还是需要单独给出修改内容。

第四点，如果期刊要求我们在原文上进行修改，一定要将修改内容用其他颜色标注，这样方便编辑获取修改信息，也证明你真的进行了修改。

还有一种情况，当我们认为修改意见不合理或者无法进行修改时，如果坚持不修改，一定要给出有理有据的答复，同时做好被退稿的心理准备。在这个基础上，和期刊编辑沟通时，我们切记不能开门见山地说“第几条意见没有问题，不需要修改”之类的话，应该先委婉地进行事实描述，然后在后面再详细告知编辑不能接受修改的理由。

第十章

因为你不会投稿，论文总是烂在电脑里

很多人认为需要提升自己的论文写作能力，我非常赞同这个观点。但是，我们只有论文写作能力是远远不够的，因为论文写出来还需要投稿、发表。在当前论文发表市场已经严重供大于求，且论文大军仍在逐年剧增的态势下，如何在严酷、激烈的竞争中脱颖而出，这个问题对于科研人员们来说是沉重的。所以我们既要提升论文写作能力，也要明白论文投稿的方法和技巧，否则就会被人越抛越远。

01 不能轻易说的投稿技巧第一招：有的放矢精准投

从这一节开始，我们一起学习一些具体的投稿策略。第一个策略是“有的放矢地投稿”。什么是有的放矢呢？意思就是要投合适的期刊。这里我们需要做一个功课，也是一个长期积累的功夫。投稿前，我们应该研究或明确刊物和所写论文的研究方向是否一致，是否有栏目在组稿。学术研究向来是个小众游戏，也许人家的刊物从没有发过你所研究领域的文章，换句话说，你的研究根本不入该期刊的法眼，这种情况把稿件投过去当然就是石沉大海。不仅如此，我们还要去研究、了解、熟悉期刊，通过浏览期刊信息和期刊发表的论文来清楚期刊的选题范畴、论文风格、收录风格。如果我们能做到对期刊如数家珍，就会让论文投稿工作更容易。比如，我就知道《山西财经大学学报》倾向于字数在2.5万字的论文；我知道一些期刊对作者身份有规定；我知道一些期刊偏好统计数据类的论文等。这就是我们对期刊掌握的基本功，也是有的放矢投稿的关键所在。

接下来，我给大家介绍几个查询期刊是否适合自己论文的方式。

一、通过“中国知网”查找目标期刊

第一种，也是最常用的，通过中国知网系统来查找。打开中国知网，我们找到中国知网的“高级检索”，按关键词、篇名检索，范围选CSSCI或核心期刊。当然，如果你想找一个普刊，那么范围可以选全部期刊。这里有一个小细节需要注意一下，也是剔除无效信息的方法，大家看一下最上面一行，有期刊、博硕士、会议等，这里就只选期刊，然后才能显示图

10-1里的画面。这样做我们就可以剔除硕士和博士论文、会议等其他资料库了。

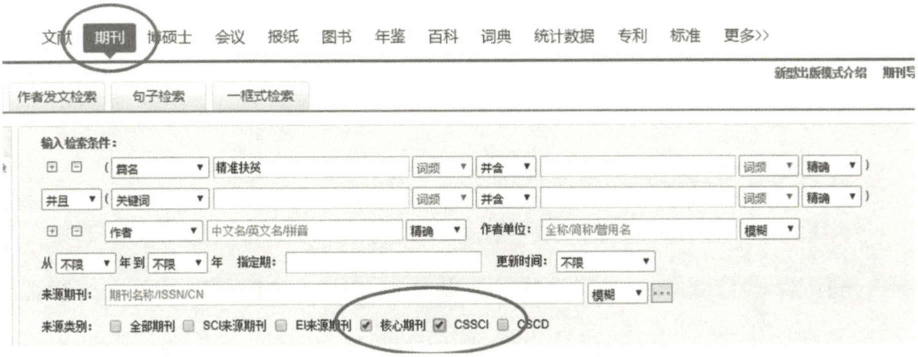

图10-1　中国知网检索示例

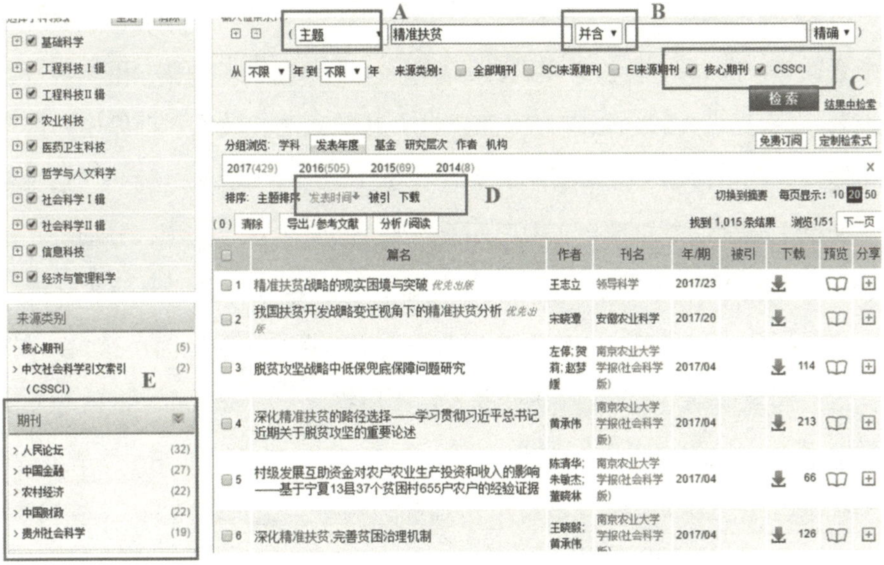

图10-2　中国知网按关键词及数据库检索示例

论文完稿后，我们抽选出关键词或主题词，然后在中国知网里检索这些关键词，数据库选择CSSCI，如果也愿意投给北大核心，可以一并选择CSSCI与核心期刊数据库，如图10-2所示。然后我们对检索的论文按照时间排序，这样就可以了解近一两年内哪些期刊录用了与你论文主题相关的稿件，是否每期都有，近一年发表了多少篇，从而选择出投稿的第一刊物、第二刊物……比如我们以“精准扶贫”关键词为例，通过检索发现了《人民论坛》《中国金融》《农村经济》《中国财政》《贵州社会科学》是发表此类论文比较多的核心期刊。

我还是以图10–2为例给大家强调几个细节。

（1）“A”处，常用的是“主题”与“篇名”两个方式，“主题”的范畴要大于“篇名”。一般情况下，推荐大家用“篇名”方式，这样找到的期刊匹配性较高。当“篇名”方式查找的期刊较少时，我们可以再使用“主题”方式。

（2）当论文的主题只涉及一个核心主题词时，我们可以采用上面的方法来查找目标期刊。如果论文的主题涉及两个或两个以上的核心主题词时，就需要结合“A”“B”查找。同样，我既可以选择“篇名”，也可以选择“主题”。这里我给大家重点介绍“B”，图10–2中，我们发现“B”代表着前后两个主题词的逻辑关系，中国知网在此处设置了三个选项，分别是“并含”、“或含”和“不含”，对两个主题词进行检索，则需要使用到“并含”选项。我们以“跨境电商”和“跨境物流”两个主题词为例，只需在A处输入“跨境电商”，同时在B处输入“跨境物流”，检索出来的就是发表了这两个主题词的论文。

当然，单独使用“A”也可以实现上述两个主题词的检索，这里就需要分为两步来实现。第一步，我们在A处输入“跨境电商”，点击“检索”后，会出现“跨境电商”主题论文；第二步，我们再在A处输入“跨境物流”，然后点击“检索”旁边的“结果中检索”，务必记住，只有这样才能在刚才的“跨境电商”论文中，再次筛选出“跨境物流”论文。

（3）“C”处，这一点在前面也提到过，我建议采用期刊范围逐步扩大的规律，即先选择“CSSCI”，这样选择的期刊都是CSSCI级别的，然后选

“核心期刊”，最后再选“全部期刊”。不过需要强调的是，中国知网系统并未对CSSCI来源期刊与CSSCI来源扩展版期刊进行区分。所以，我们查到的CSSCI期刊包括了CSSCI来源期刊与CSSCI来源扩展版期刊。如果我们想剔除掉CSSCI来源扩展版期刊的信息，就需要自己去熟悉哪些期刊是CSSCI来源扩展版。

（4）“D”处，主要关注“发表时间”，就是筛选出目标刊物以后，按照时间的顺序从新到旧排序，也可以反向排序。这里，我比较推荐选择从新到旧排，这样做主要是为了关注近期或最近一两年哪些期刊发表了该主题的论文。如果一些期刊在前些年曾发表该主题的论文，但是近一两年内都没有，这就意味着你再向该刊物投稿，被接受的概率会很低，因为该刊物大概率不再接受此类主题的论文了。

（5）“E”处，这里主要把发表该主题论文最多的几个刊物列出来。我们可以先关注一下此处的信息，利于我们快速筛选出符合论文主题的目标刊物。

这里我给大家做一下演示操作，我们打开中国知网的官网，点击“期刊”选项，选择“篇名”检索方式，输入“双一流”，在“来源类别”处选“CSSCI”，当然如果你也想看看核心期刊，那么就把“核心期刊”选项也选中。这里我只以“CSSCI”选择做示范，然后点击“检索”按钮，再按照时间排序，点击这里的“发表时间”。我们从新往旧看，通过浏览发现《中国高等教育》期刊发文最多，也还能发现其他一些发文较多的期刊信息。这里我需要说明一下，因为中国知网改版了，所以要想如前面看到左下方筛选出的目标期刊信息，就需要选择“研究层面”选项，如图10-3所示。

图10-3 “双一流”主题词论文的目标期刊检索示例

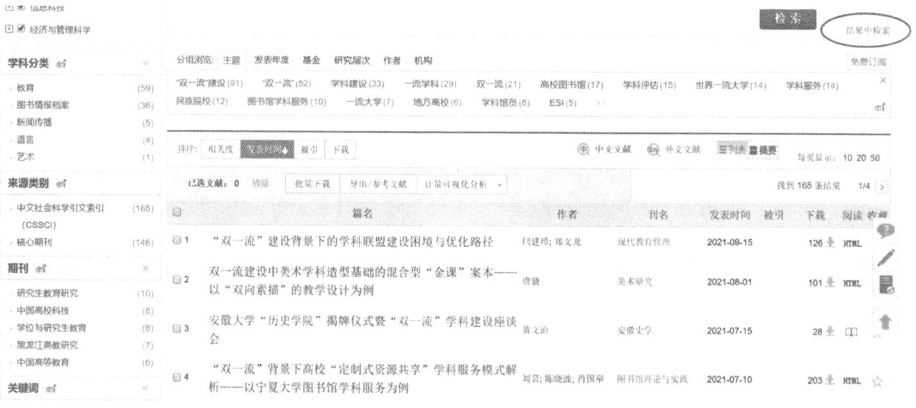

图10-4 “双一流”+“学科”主题词论文的目标期刊检索示例

我再给大家演示一下双关键词检索的方法。比如“双一流”检索范围太大了，我想再精准一些，想投喜欢发“双一流”与“学科”方面论文的期刊，那我们就回到篇名检索处，输入“学科”，其他不变。这里需要注意，不能点击检索按钮，需要点击“结果中检索”，这样符合你要求的目标期刊就出来了，如图10-4所示。

二、百度直接查找期刊

我们还可以使用百度搜索引擎检索期刊。这有几个前提条件，第一个条件是想检索的期刊开通了官方网站或期刊采编系统，否则百度无法查到期刊信息；第二个条件是你知道拟投期刊的名称，这样才能搜索到该刊物。

如图10–5所示，我给大家举两个例子，我搜索《中国管理科学》就会出现“官方网站”这样的文字，那么这个就是真的。我还搜索了《社会科学家》，出来的第一个是准确的，第三个网站链接则是虚假的。所以，我们通过百度搜索期刊时一定要仔细辨析真假。

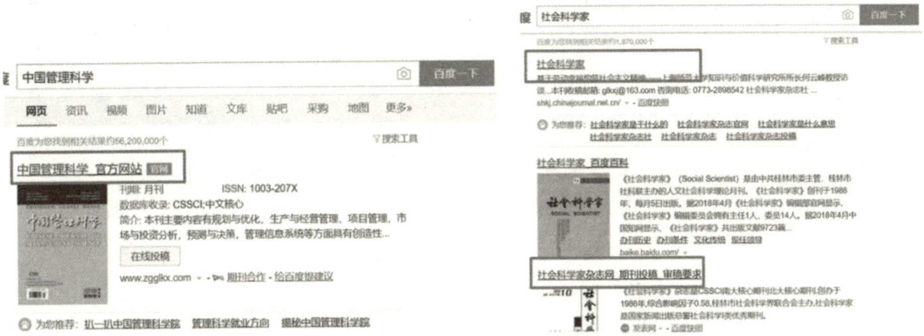

图10–5　通过百度方式查找期刊信息示例

进入期刊的官方网站，我们可以查阅相关的期刊信息，比如投稿指南、征稿启事、选题等信息，就能清楚期刊是否匹配自己的论文。现在越来越多的期刊开通了官方网站，也有越来越多的网站采用采编系统处理稿件。如图10–6，通过查阅《中国管理科学》官方网站，我们可以看到该刊物的“投稿指南”“作者中心”“当期目录”等信息。

图10–6 《中国管理科学》官方网站

三、通过“万维书刊”查找期刊

给推荐大家一个很好用的网站，我这些年查找期刊信息经常使用它，不仅能查询期刊的信息介绍、投稿方式，还能浏览一些期刊的投稿经验和分享信息。我们用百度搜索“万维书刊”，也可以输入网址，信息如下所示，进入“万维书刊”官网：显示如图10–7的界面。

万维书刊网址：http://www.eshukan.com/

图10-7 万维书刊官网界面

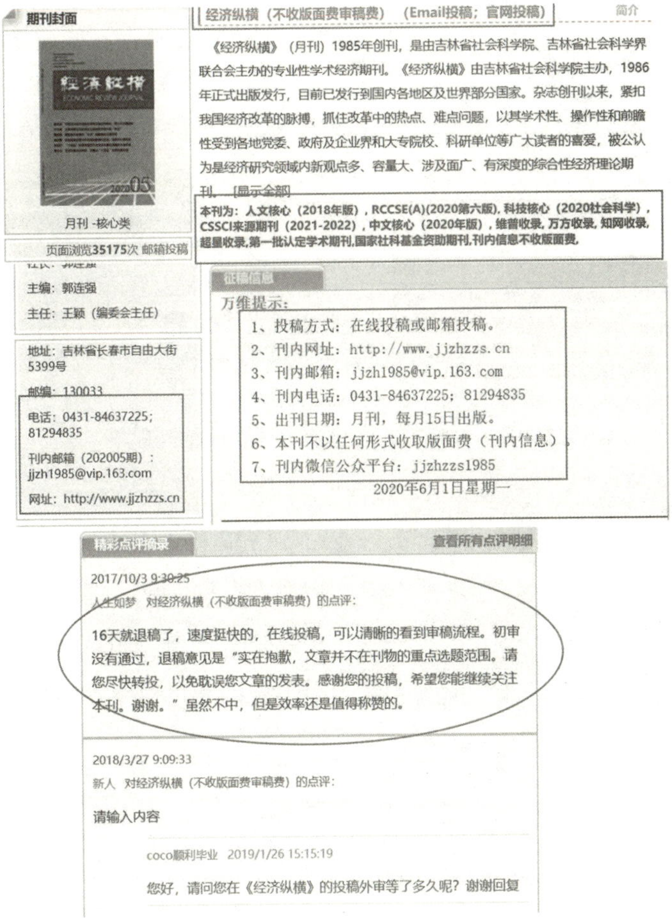

图10-8 万维书刊示例

在图10–7中方框内输入我们想要查找的期刊信息，如《经济纵横》，便可以查询到该刊物的很多信息，如图10–8所示。通过万维书刊网站，我们可以查到《经济纵横》的办刊信息、投稿方式、核心级别、联系方式，还能查到一些作者反馈的投稿信息。当然，由于万维书刊是该网站主办者根据期刊及其他一些第三方信息进行维护与更新的，会存在期刊信息更新不及时和信息错误的情况。比如，我曾在万维书刊上查到虚假的期刊投稿信息，只是现在这种概率越来越小。我建议，对期刊信息还不是很熟悉的情况下，可以结合其他渠道，如通过中国知网或期刊官网来复核信息。

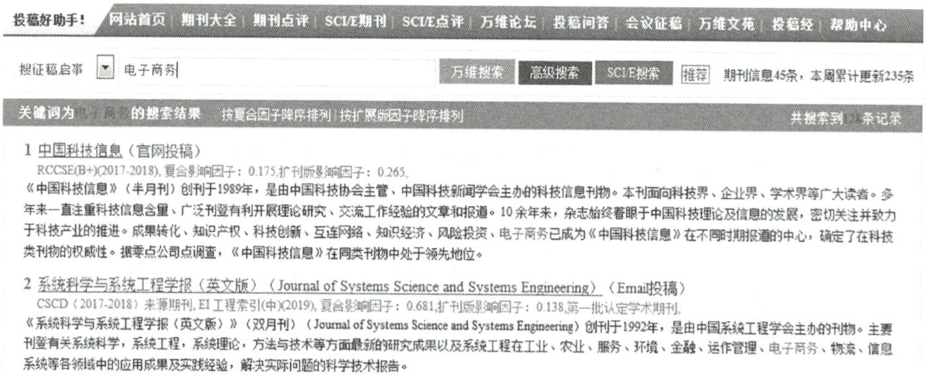

图10–9　万维书刊通过关键词匹配期刊示例

通过万维书刊，我们还能根据论文的主题词来查找目标期刊，具体方式为：打开万维书刊网站—搜征稿启事—输入关键词。如，以“电子商务”关键词为例，检索出图10–9，能看到很多相关期刊信息。用这种方式来匹配目标期刊，我个人不太推荐，因为它有一个很大的缺点——不适用细分研究方向，这就导致了期刊查找的精准度不高。

四、通过微信公众号查找期刊

越来越多的期刊开通了微信公众号，这是在新媒体时代及移动互联网趋势下期刊必须要进入的领域，也比较适合网络阅读取向。所以，我们可以通过微信公众号方式来查找期刊信息。具体步骤为：打开微信—添加朋友—公众号—期刊名称。

优点：符合移动新媒体发展趋势，随时可查询。

缺点：有的期刊没开通，有的信息不充分，有的信息更新慢。

我推荐大家关注自己领域的期刊微信公众号，不但可以随时获取信息，还能及时地获得期刊主动推送的信息。

五、其他一些建议

我们需要习惯定期去跟踪、关注期刊的征稿信息。一些期刊比较熟悉的作者，长时间主动了解具体信息，时间久了，你就成这个方面的期刊专家了。我们也需要调动各方资源打听期刊选题或征稿信息。

其实每个人都能知道符合自己研究方向的期刊名称，当然刚入门的朋友或许还不具备这方面能力，有一个了解过程。最笨的办法是按照CSSCI期刊目录，逐一查看与自己研究相关的期刊名称，然后进入该期刊官网（很多期刊有官网，但不是所有期刊都有官网）查询征稿信息、栏目信息。有的期刊还会在官网上发布“选题热点”等相关信息，记住这是一个好消息。这方面信息的获取还可以通过中国知网，按照期刊来源选项，同时检索“征稿”或“启事”等信息找到这方面的内容。如图10-10，截取了《企业经济》期刊在其官网的征稿信息。

我们还可以从侧面打听期刊选题或征稿信息，这就纯属考验我们的社交能力了。我们可以与同行、同学、同门、同事、编辑等多咨询、多请教、多沟通，尤其是来自编辑端的信息源最可信、最直接。我在投稿过程中，会主动与编辑联系，比如留意他们的QQ号、手机号，借助投稿的机会多与编辑聊，可以获取到他们对论文的偏好、录用标准等信息，他们甚至还会帮你看看论文，这是很有用的一个捷径。时间久了，你还有可能与编辑做朋友，甚至还有可能获得被约稿的机会，因为编辑也需要获得更多、更好的稿件。

您现在的位置：首页 > 新闻动态 > 2017年本刊热点选题

2017年本刊热点选题

发布时间：2017-05-03　信息来源：企业经济

2017年本刊热点选题

1. 供给侧结构性改革
2. 混合所有制经济与深化国企改革
3. 实体经济与虚拟经济融合发展
4. 智能制造研究
5. 区域创新与产业集群升级
6. 区域协调发展机制
7. “一带一路”建设问题
8. 品牌生态研究
9. 低碳经济、绿色产业研究

图10–10　期刊官方网站征稿信息

还有一个很好的建议，那就是不放过任何加入期刊群、加期刊编辑好友的机会。有的朋友不喜欢这样的社交方式或者不擅长交际，那么也不要勉强自己。

其实，有的放矢地投稿，是考验自己对期刊信息的了解与掌握，这些信息可以是一手信息，也可以是二手信息，只有了解期刊信息，熟悉期刊信息，才能做到事半功倍。

有的放矢地投稿，还有一种算是高级别、高层次的操作，那就是根据期刊要求与口味定制论文，或者说是量身打造一篇论文，专门针对某家期刊。有人会说这样风险很高，如果是量身打造、量体裁衣，那么投过去万一不中怎么办？我有过这样的经历，平均来看，定制的发文概率要远高于先写好再海投。

02　不能轻易说的投稿技巧第二招：另辟蹊径交叉投

投稿的第二个技巧我称之为“另辟蹊径交叉投”。交叉投稿需要一个前提——论文必须是交叉选题。这个投稿技巧，需要与前面所提到的“交叉问题交叉写”相结合。交叉投稿是一个相对容易的方法，但一定要基于交叉写作。如果论文无法体现交叉研究，就无法进行交叉投稿，因为不是交叉研究产出的论文，会导致这个论文投稿到无关的期刊，也不会被审稿，理由很充分——不符合期刊的选题范围。或者我们可以这样说，交叉投稿其实是基于交叉选题这个前提，否则投出去的稿件与期刊发文偏好完全搭不上边，其结果可想而知。

交叉投稿是基于个人对期刊的了解与熟悉。交叉投稿时，如果我们对期刊不是很熟悉，也有一条捷径。那就是先对期刊目录进行排查，比如根据论文的内容对CSSCI、CSCD期刊目录逐一筛选，然后按照初步筛选的结果再在中国知网数据库中查找是否有类似选题的成果发表过或者是否与该期刊的选题范围吻合。

比如我们的论文选题是“区块链”+“审计”，通过中国知网数据库以“区块链”“审计”为关键词进行篇名检索，期刊级别我们选择核心期刊与CSSCI，如图10-11所示，那么就会发现不同领域的期刊都接受这方面的论文，如《软件学报》《计算机工程》《财会月刊》《经济体制改革》《科技进步与对策》《金融发展研究》等期刊，这里面有软件、计算机、财务、经济、管理、金融等方面的内容，都是我们交叉投稿的选择方向。

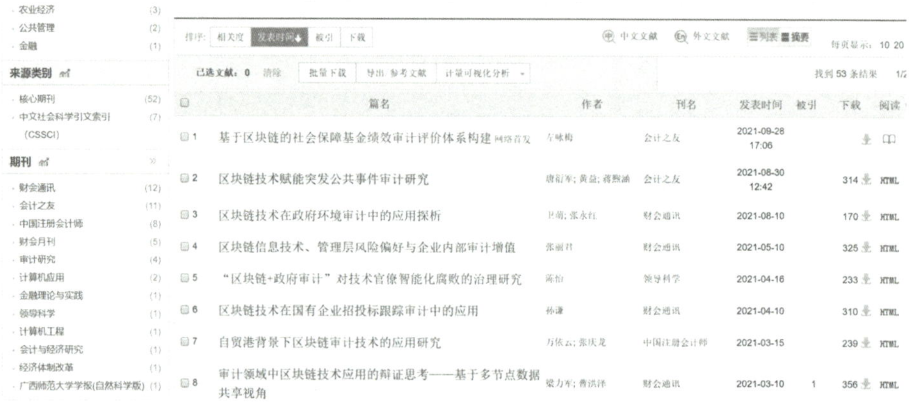

图10-11 “区块链”+“审计”发文刊物示例

在具体的交叉投稿策略中，我们可以从三个方面来做，即：（1）人文社科领域与自然科学领域的交叉；（2）大领域内，不同学科间的交叉；（3）不同类型期刊的交叉。

（一）人文社科领域与自然科学领域的交叉

有一篇农业经济方面的论文，可以投稿给《农村经济研究》《农业经济研究》《农村技术经济》和许多个《××农业大学学报》，还可以试试CSCD里面的一些《××农业科学》《××农业学报》《××农业大学学报（自然科学版）》等。

这里给大家做一个示范，在中国知网进行检索，我们选择期刊，按照篇名进行检索，检索关键词“农业现代化”，如图10-12所示，来源类别这里需要选中“核心期刊”“CSSCI”“CSCD”。点击检索后，我们看看查询结果，会发现有《农业经济》《农业经济问题》等农业经济类期刊，也有《安徽农业科学》《东北农业科学》《中国农业资源与区划》等CSCD期刊，还有《河北学刊》《求索》等社科综合类期刊及一些大学学报类期刊。

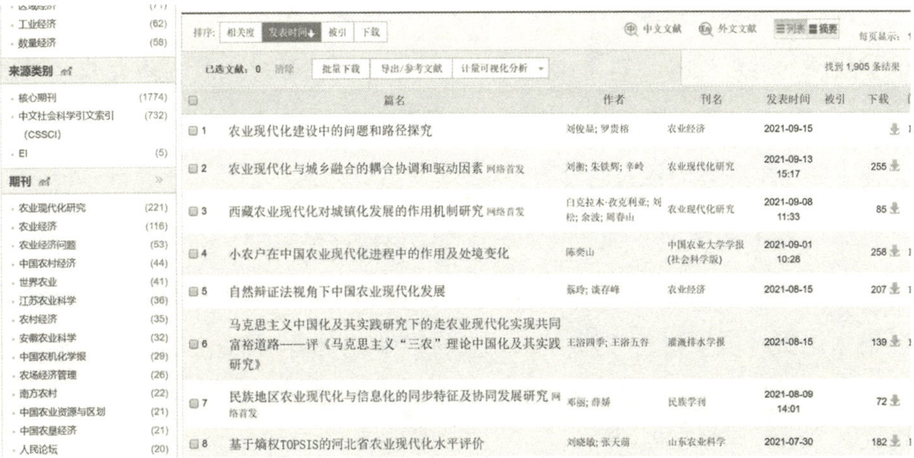

图10-12 以“农业现代化”为例的期刊检索示例

（二）大领域内，不同学科间的交叉

体育教育方面的论文，如图10-13所示，我们可以投稿给《体育科学》《体育文化导刊》等体育类期刊，也可以投稿给《天津教育学院学报》《沈阳体育学院学报》等院校期刊，还可以投稿给《中国教育学刊》《教育学术月刊》《教育理论与实践》等教育学期刊。

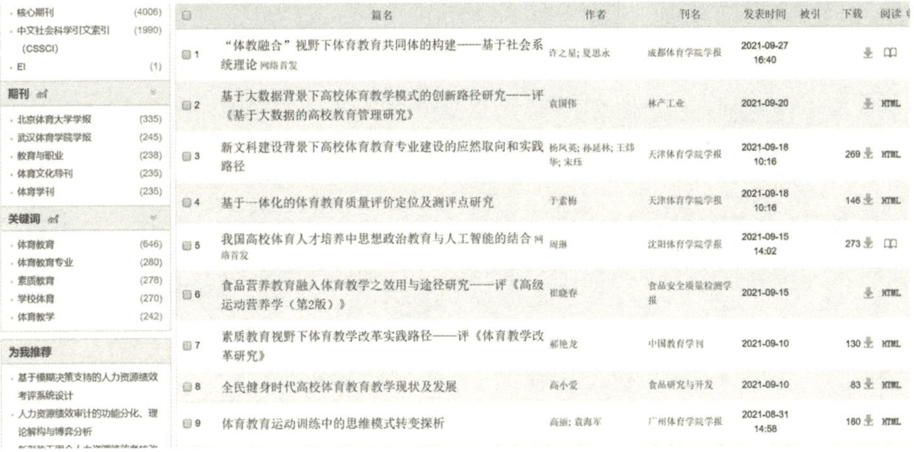

图10-13 “体育”+“教育”主题的期刊检索示例

我们可以根据论文主题，找出论文涉及的两个不同学科，然后按照匹配的学科期刊进行投稿。如果我们想让期刊信息更精准，还可以结合关键词在中国知网进行检索，匹配检索出这两个学科涉及的期刊，然后再进行投稿。

（三）不同类型期刊的交叉

这一类交叉投稿采用的策略，是根据期刊类型进行投稿，比如期刊类型分为综合社科类期刊、各专业类期刊、大学学报类期刊。那么我们就可以根据论文选题来进行投稿，比如农村产业扶贫方面的论文，我们可以投《南京社会科学》《西北农林科技大学学报》《中国农村经济》《吉首大学学报》等。

03　不能轻易说的投稿技巧第三招：分步分层匹配投

这一节给大家分享提升投稿能力的第三个技巧，即：分步分层匹配投。首先，我想先给大家传递一个理念——论文不要烂在电脑里，一定要发表！

一、分步分层投稿的基本逻辑

当我们完成一篇论文，对这篇论文的大致质量会有一个预判。论文质量的高低，论文能发CSSCI、“北核”还是基本只能发普刊，自己心中一定要有数。这个预判会决定或影响我们投稿哪些刊物，而具体的投稿情况也会受到影响。

当我们有了预判之后，就需要针对期刊级别按由高到低的顺序进行投稿，当我们尝试过投稿给核心期刊，感觉发表无望的时候，要么进行修改，要么转投普刊。

我们要养成一个习惯，向不同级别、刊物进行投稿时，要经常关注投稿情况，当被拒稿或审稿无进展时，马上进行转投，做到时间上的无缝衔接，也可以根据审稿意见或者自己对论文的新想法进行修改，总之不要把论文长时间放在电脑中。

了解了这些投稿逻辑之后，接下来我们就要进入具体的投稿流程了。这里有一些常用的投稿建议供大家参考，它们大体的层次是：高级别的核心期刊，然后是普通核心期刊，最后是普通期刊。因为有的单位在评职称时，对高级别的期刊论文也有要求，再者，我们都希望自己的论文能发表在更好的期刊上。这里我将分类更细的分步分层投稿建议告诉大家，如图10–14所示。

- 投稿初期阶段：C中的好期刊
- 几次被拒阶段：C中的一般期刊
- 多次被拒阶段：只要是C就可以
- 常态被拒阶段：北核或其他核心
- 核心无望阶段：普通期刊发表即可

图10-14　分步分层匹配投的投稿顺序

我们再聚焦到一篇具体的新论文，投稿层次是基于自己对论文质量的初判，如果你自己都觉得论文质量一般，就不要投到CSSCI。第一次投稿可以聚焦“北核”、CSSCI来源扩展版等，以此类推。我们的目的是要把论文发表出来，即便是甩卖，也不要烂在家里。

总之，我们在论文投稿的环节，一定要了解与熟悉自己领域的期刊级别，然后按照这样的层次差异逐层从高往低进行投稿，不建议越级，多给自己一些机会，就会有更多的可能。

二、不被明言的期刊“潜规则”

除了按照上述的分步分层策略来投稿，我们还需要熟悉一些期刊的特殊要求。这些特殊要求有的会明确地在征稿信息、投稿指南中标出，但实际上大多数期刊不会这样做，我们只能在具体的投稿中去熟悉。

在一些核心期刊中，由于CSSCI或“北核”评价指标体系的要求，期刊如果不遵从这些评价要求，就有可能被踢出目录或者无法进行核心级别的晋级，比如从CSSCI来源扩展版进入CSSCI来源期刊。所以，这些期刊会对投稿者提出一些特殊的要求，又不方便明说。它们可以界定为对作者身份的一些限制，包括学历（达到博士学历才收稿）、职称（助教、讲师审稿标准提高）、单位（职业院校、普通院校、非985或211学校审稿标准提高）、基金

（是否有基金支持，基金级别是否够高）。

在第一章中我曾提到，我从某大学学报官方网站看到了“用稿五先”原则，其中明确提到优先采用国家级课题的项目成果论文，当然这也是很多刊物的偏好，国内别的一些刊物也明确提出优先采用国家级、省部级课题的成果论文。但这家学报还明确提出优先采用作者具有博士学位、副高以上职称的论文，同时还提到了偏好使用独立署名的论文，这就有一点歧视的嫌疑了。很多刊物虽然没有明确提出不采用非博士、非副高职称、非本科院校的作者论文，但是实际执行的时候却是按照这些标准来，也就意味着不符合刊物作者身份要求的论文在初审时就会直接被退稿。这些情况都需要我们留意，日常多积累，如果自己身份不符合，就不要浪费时间和精力给这样的期刊投稿。

再如第一章中提到的，有一段时间网络疯传的某个大学学报的退稿信息，从中我们可以看到，该刊物只接受双一流高校作者的投稿。该刊物也算得上良心刊物，至少已经明确告知了作者期刊的用稿要求。

日期：2021年06月11日

一、栏目设置

《山西财经大学学报》目前设置五个栏目，分别是“国民经济管理”“金融与投资”“产业经济”“工商管理”“财务与会计”。作者稿件之选题，必须是上述五个栏目所涵盖的学科。选题不符合上述栏目的稿件，自动视为无效投稿。

二、论文的研究方法与字数

投给《山西财经大学学报》的稿件，在研究方法上必须是规范的实证研究。字数一般要求为20000字左右（字符数含空格不超过30000），字数不符合要求、文档格式为pdf的稿件，将予以退稿处理。以下六类稿件，本刊不予采用：（1）世界经济类；（2）地方经济类；（3）文献综述类；（4）纯方法与模型推导类；（5）案例研究类；（6）传统的思辨研究类。

三、作者学位与署名机构

投给《山西财经大学学报》稿件的作者，必须具有博士学位，或者是全日制在读博士研究生，署名机构必须是本科以上高等院校及省级以上专业研究机构。作者学位与署名机构不符合上述要求的投稿，均自动视为无效投稿。所投Word稿件中须具备姓名、署名单位、作者简介和联系方式，不得匿名，否则均视为无效投稿。

图10-15 《山西财经大学学报》对投稿论文的要求

有的期刊还对论文字数、论文方向、论文选题、论文类型有限制或要求。如图10–15和图10–16所示，《山西财经大学学报》要求投稿论文的字数不低于2万字，字符数含空格不得超过3万字，还要求研究方法必须是规范的实证研究。该期刊还列举了一些不采用的论文标准，对作者身份也有一定的要求，此外还规定要留下作者简介、联系方式等，否则视为无效投稿。

关于无效投稿和不予采用稿件的规定

以下类型的投稿，本刊不予采用或自动视作无效投稿：

1.字符数（含空格）高于30000、低于20000的稿件。

2.文档为PDF格式的稿件。

3.文档匿名的稿件。投稿文档必须具备作者姓名、单位、简介及详细联系方式，不得匿名。通过初审的稿件，编辑部会进行匿名处理后安排外审。

4.作者学位不符合“投稿须知”规定的稿件。本刊要求所有署名作者必须具有博士学位或者是在读博士研究生。

5.世界经济类稿件。

6.地方经济类稿件。

7.纯方法与模型推导类稿件。

8.案例研究类稿件。

《山西财经大学学报》编辑部

2021年6月11日

图10–16 《山西财经大学学报》关于无效投稿和不予采用稿件的规定

有的期刊不会明确提出字数要求，但是会在拒稿或自动回复时提出，如图10–17，我个人投过的某大学学报，规定字数不得低于1.5万字。

查看退稿意见

作者朋友：我刊文章字数要求一般在1.5万字左右，您文章的字数不符合要求。感谢您对本刊的支持！

图10–17 某刊物对投稿论文的要求

还有的期刊对论文类型有要求，比如《统计信息论坛》要求统计类论文，但不接受数理推导型；《调研世界》偏好调研类论文；《管理案例研究与评论》偏好案例研究型论文；《消费经济》接收电子稿的同时还要求作者邮寄纸质稿并写明邮寄日期。这些信息我们可以从一些论坛中获取，也可以通过投稿经验的积累获得。

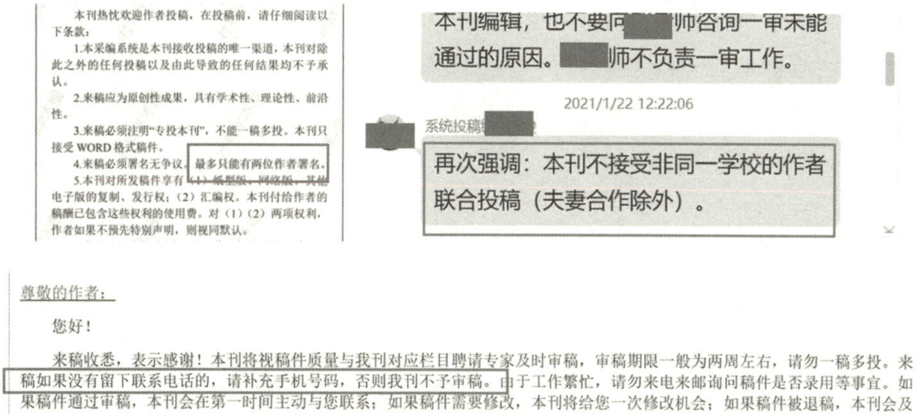
本刊热忱欢迎作者投稿，在投稿前，请仔细阅读以下条款：

1.本采编系统是本刊接收投稿的唯一渠道，本刊对除此之外的任何投稿以及由此导致的任何结果均不予承认。

2.来稿应为原创性成果，具有学术性、理论性、前沿性。

3.来稿必须注明"专投本刊"，不能一稿多投。本刊只接受WORD格式稿件。

4.来稿必须署名无争议，最多只能有两位作者署名。

5.本刊对所发稿件享有（1）纸型版、网络版、其他电子版的复制、发行权；（2）汇编权。本刊付给作者的稿酬已包含这些权利的使用费。对（1）（2）两项权利，作者如果不预先特别声明，则视同默认。

本刊编辑，也不要向[redacted]师咨询一审未能通过的原因。[redacted]师不负责一审工作。

2021/1/22 12:22:06

系统投稿[redacted]

再次强调：本刊不接受非同一学校的作者联合投稿（夫妻合作除外）。

尊敬的作者：

您好！

来稿收悉，表示感谢！本刊将视稿件质量与我刊对应栏目聘请专家及时审稿，审稿期限一般为两周左右，请勿一稿多投。来稿如果没有留下联系电话的，请补充手机号码，否则我刊不予审稿。由于工作繁忙，请勿来电来邮询问稿件是否录用等事宜。如果稿件通过审稿，本刊会在第一时间主动与您联系；如果稿件需要修改，本刊将给您一次修改机会；如果稿件被退稿，本刊会及

图10–18　一些期刊对投稿论文的要求示例

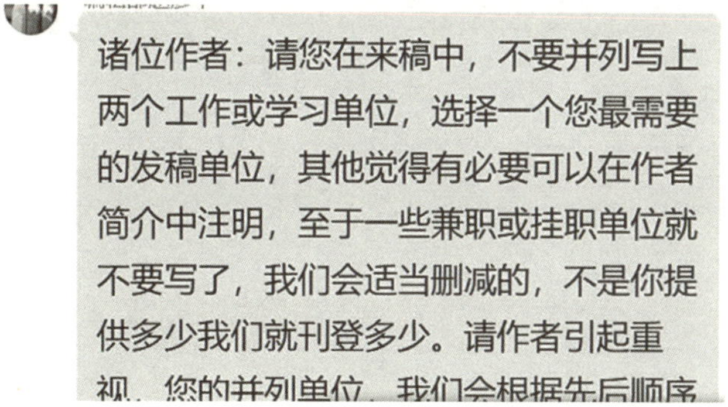
诸位作者：请您在来稿中，不要并列写上两个工作或学习单位，选择一个您最需要的发稿单位，其他觉得有必要可以在作者简介中注明，至于一些兼职或挂职单位就不要写了，我们会适当删减的，不是你提供多少我们就刊登多少。请作者引起重视，您的并列单位，我们会根据先后顺序

图10–19　一些期刊对投稿论文的要求示例

此外，还有的刊物会公布一些很有意思的论文要求，如图10–18、图10–19分别要求论文署名作者最多两位、不接受非同一学校作者联合投稿（夫妻合作除外）、需要补充手机号码、不能列上两个单位等。当然，大部分期刊对论文规定的还是在重复率、复制比等方面，比如不能超过20%、

15%、12%、10%、8%、5%等，我认为这是必须要求的，也是有道理的。

论文只有发表出来，才会有价值。论文发表可以形成我们的学术积累，也可以为自己的履历加分，更有可能获得一些意外惊喜，比如被一些有用的转载录用，如《新华文摘》等。

最后我给大家的建议就是：如果论文只能发表在普刊上，那就尽量投稿到业内名声不错的普刊，一定要拒绝业内的垃圾刊物，这些垃圾刊物发表后不仅不能给你加分，还会减分，毕竟学术领域需要长久的沉淀，我们还是要爱惜自己的羽毛。

04　不能轻易说的投稿技巧第四招：磨刀不误砍柴工

本节给大家介绍另外一个投稿技巧，即：磨刀不误砍柴工。通过前面的学习，我们对如何投稿已经有了大致的了解，现在我们主要关注在投稿前、投稿中与投稿后需要做的一些基本工作，我认为这些工作是非常有必要的。当我们完成一篇论文后，是马上就进行投稿呢，还是先要做一些投稿前的工作？我们在投稿时，是否有一些地方需要关注与注意呢？当我们投稿完毕后，是否就直接不管稿件了呢？看完这一节的内容，我们就会有更清晰的思路。

一、投稿前需要做的事情

首先，我们在投稿前，有一些地方必须重视。当然，投稿前论文本身的工作就是确保质量没有问题。

不同期刊对论文格式的要求各有不同，我们是按照自己的论文格式投稿呢，还是按照期刊的格式要求对论文进行调整？有过投稿经历，尤其较多投稿经历的朋友会发现，每次投稿前也是要耗费很多时间与精力的。

这样做主要是为了方便编辑部与审稿人员，所以我的观点是虽然调整论文格式很耗费精力，也需要按照期刊的要求去做。

投稿前，我们需要尽量去匹配期刊信息，也就是为论文找到最合适的“婆家”。这一点非常重要，如果论文不符合期刊的栏目要求、选稿范围，那么这次投稿就是白费工夫。

接下来，我们要了解并按照期刊论文格式的要求修改论文的格式，其中包括是否有英文信息、排序要求、字体字号行间距、摘要字数与结构、关键词数量、作者信息与基金信息格式、是否标出中图分类号、参考文献格式等。

由于各家期刊对论文的重复率都有明确规定，我们在投稿前需要确保论文的重复率符合要求。有的期刊明确提出投稿论文的重复率在××%以内，有的期刊虽然没有提出具体的百分比，但也有一些默认的范畴，这些我们可以通过投稿的经验和一些论坛分享的信息来获取。如果找不到这样的信息，我们至少要把论文的重复率控制在20%以内，越低越好。比如某个“北核”期刊就明确提出如果投稿的论文重复率超过20%，会将作者列入黑名单。如图10-20示例中的方框标注的内容。

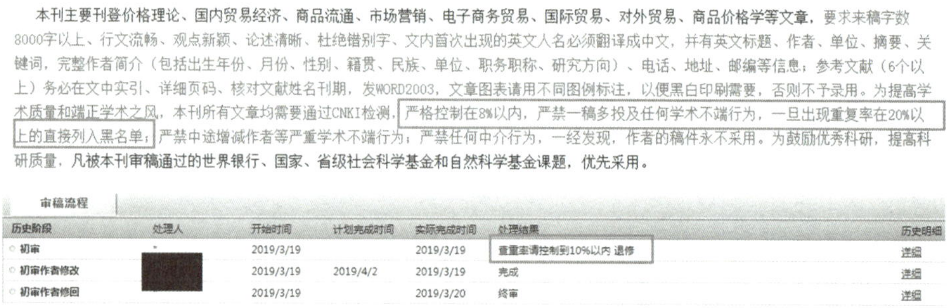
本刊主要刊登价格理论、国内贸易经济、商品流通、市场营销、电子商务贸易、国际贸易、对外贸易、商品价格学等文章，要求来稿字数8000字以上、行文流畅、观点新颖、论述清晰、杜绝错别字、文内首次出现的英文人名必须翻译成中文，并有英文标题、作者、单位、摘要、关键词，完整作者简介（包括出生年份、月份、性别、籍贯、民族、单位、职务职称、研究方向）、电话、地址、邮编等信息；参考文献（6个以上）务必在文中实引、详细页码、核对文献姓名刊期，发WORD2003，文章图表请用不同图例标注，以便黑白印刷需要，否则不予录用。为提高学术质量和端正学术之风，本刊所有文章均需要通过CNKI检测，严格控制在8%以内，严禁一稿多投及任何学术不端行为，一旦出现重复率在20%以上的直接列入黑名单；严禁中途增减作者等严重学术不端行为；严禁任何中介行为，一经发现，作者的稿件永不采用。为鼓励优秀科研，提高科研质量，凡被本刊审稿通过的世界银行、国家、省级社会科学基金和自然科学基金课题，优先采用。

审稿流程

历史阶段	处理人	开始时间	计划完成时间	实际完成时间	处理结果	历史明细
初审	[redacted]	2019/3/19		2019/3/19	查重率请控制到10%以内 退修	详细
初审作者修改		2019/3/19	2019/4/2	2019/3/19	完成	详细
初审作者修回		2019/3/19		2019/3/20	终审	详细

图10-20　投稿前注意事项示例

投稿前，我们可以先从网上对论文进行查重，当然提前查重也会有一个弊端——因为一些查重系统是通用的，那么每次查重你都会留下痕迹。期刊收到稿件进行查重时，如果发现了查重痕迹尤其日期又比较临近，就会认为你有一稿多投的嫌疑。有一个小技巧可以破解这个难题，那就是我们自己在查重时，将论文题目与作者姓名模糊化处理，甚至可以直接用11、22等数字替代。还有一点经验我要分享给大家，我们从网上查重的结果一般都会比编辑部采用的中国知网查重结果偏高，大致高出1/3。

以淘宝网为例，我给大家做个示范，投稿前先做查重，以免因为重复率不过关导致初审不过。如图10-21所示，我们随便打开一个查重网店，输入检查网址会出现这样的界面，需要我们输入论文标题与作者，这里要注意，我们不要输入真实的信息，随便输入论文题目和作者信息即可，比如11、22……

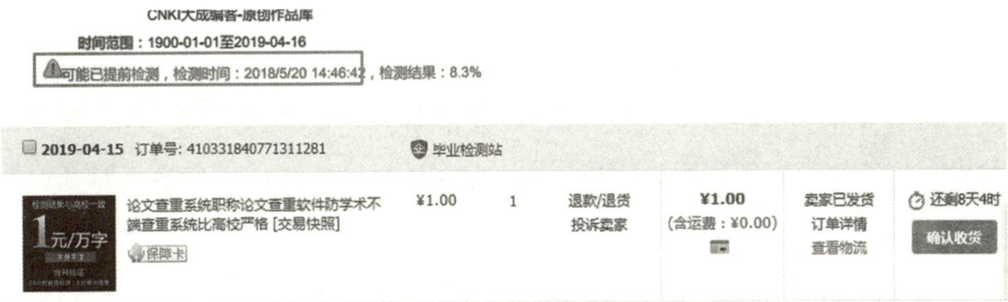

图10-21　淘宝查重示例

投稿前，我们可以把自己的投稿信息与论文信息建立一个投稿信息数据库，这是一件要长期做的事情。如图10-22所示，这是我个人常用的一个投稿信息数据库的样式，里面包括了期刊名称、投稿方式等信息，在对应的论文方框中标注对应的期刊状态，如“拟投”“在投”“拒稿”等，“在投”建议标注投稿时间，这样利于跟踪了解论文的审稿进度与状态，也便于及时转投其他刊物。针对这个投稿信息数据库，我也有两个建议，第一是定期更新期刊与论文信息，第二是利用该数据库来指导论文投稿。这个数据库使用久了，大家就会非常熟悉这些期刊信息，也会成为期刊投稿的小专家。

级别	期刊	投稿方式	电话	地域	论文1	论文2	论文3
CSSCI	中国社会科学	纸质		北京	拟投		
C扩	烟台大学学报	xxx@126.net		烟台		在投/时间	
北核	财会月刊	www.xxx.com		武汉			拒稿/时间

图10-22　投稿信息数据库示例

二、投稿时需要做的事情

在这里，我主要说说论文以外的其他事项。比如我们通过系统投稿时常要注意的地方，就是多数期刊要求上传匿名稿，也就是你投稿论文中凡是涉及个人信息的地方都要去掉，包括中文信息与英文信息。有的期刊还要求上传匿名稿、完整稿甚至pdf版本及单独上传图标附件，这些都是我们容易忽略的地方。

我们通过邮箱投稿时，有的期刊对于邮件标题、附件文件名等都有明确要求，这些信息也常常通过投稿后期刊邮箱的自动回复标出。当我们第一次投稿后发现这些信息时，一定要按照期刊的要求修改后再发一遍邮件。

每次投稿，我们一定要保存投稿记录，做好投稿信息登记，根据投稿经历更新我们自己的“投稿信息数据库”。这样不但能积累期刊投稿信箱，还能规避一些重复投稿，也方便以后我们再投稿给该期刊时进行格式的修改。

用邮箱投稿时，还有一些工作是我们可以做的。比如规范邮件标题的格式、邮件正文包括期刊对论文的一些要求，如论文格式、邮件名称的格式等。我根据自己的审稿与投稿经验，将一些邮箱投稿需要注意的内容分享如下：

（1）邮件标题：如果期刊没有特殊的要求，建议使用这个格式，即：“【投稿】论文题目–作者姓名–其他信息”。例如某学报对投稿邮件主题有要求，对稿件文件命名也有要求，如图10–23所示。

做一回这个学报的点评开山祖师，哈哈！采用的话10天左右会给回复，编辑和外聘专家共同匿名审稿。投来的稿件要求是：（1）只接收WORD文档，还必须以第一作者的名字命名；（2）邮件主题也必须是第一作者的名字；（3）文章末尾请留好详细通讯地址、电话等。

图10–23　某期刊投稿要求

“其他信息”主要是指对提升论文采纳率有用的信息，如：学历、职称、单位、基金等。以下这些信息如果符合，一定要在邮件主题及邮件正文加以体现。

①学历：博士生可体现，其他不用。

②职称：副高以上可体现。

③单位：大学/211高校以上可体现。

④基金：省部级以上可体现。

（2）邮件正文：关于邮件正文，可以这样来写。

尊敬的××编辑部老师（如知道姓，建议标出）：

您好！

我是×××，我的论文××，（学历、职称、基金等有用的信息强烈建议体现，论文的创新点也建议写上）。

请您多多批评指正，如能刊有，××××。（反正多用谦语）

祝好！

姓名/日期，包括联系方式

这里有几个要点需要注意，具体如下：

①如能知道期刊编辑的姓名，可以在邮件正文里加以体现，这样会拉进与编辑的距离，也显得作者很用心，有礼貌。

②体现对投稿有用的作者身份信息，这样能帮助编辑进行筛选，减少编辑的工作量。

③多用谦语，这主要突出作者的礼貌与素质。

④附上电话号码，这是容易忽略的一点。我就遇到过一个案例，想联系作者沟通投稿论文事宜，但是却无法找到他的电话号码。

⑤论文的研究贡献与创新点建议写在邮件正文里，这主要方便编辑审阅我们投稿的论文，所谓“方便别人，实则方便自己”。

（3）稿件注意事项。

①一定记得将论文挂在邮件的附件上。

②稿件的名称建议至少使用“文章题目+作者信息”，如果作者有两个及以上，只需体现第一作者即可。

③稿件名称可以增加一些对审稿有用的信息，比如上面提到的作者身份信息。

④稿件一定要在最后写上自己的电话号码。

⑤看清期刊的投稿要求，是否需要匿名稿。

三、投稿后需要做的事情

论文投稿出去之后，我们也不能放松，不能将投稿的事束之高阁，不管不问。这里我也有几个经验分享给大家。

第1点：我们要定期跟踪投稿进度。这一点更适用于投稿系统，我们可以隔几天登录系统看一看审稿进程。还有的期刊虽然不用投稿系统，但可以通过微信公众号来查询论文审稿的情况。

第2点：按时按质完成退修。当我们遇到论文退修的情况，这其实是一个好消息，意味着你的论文离录用又进了一步。每次退修我们都要高度重视，认真进行修改。我们应该对退修意见逐条修改，并加以说明。有的期刊包括投稿系统与邮箱投稿，都会要求返回修改稿时一并提供修改说明。

在返回修改稿时，也有一个小技巧——时间不能太早，也不建议太晚。如果太早返稿，会给编辑部或审稿专家造成我们没有重视这次退修的印象，他们会怀疑修改质量；如果返稿太晚，就会牺牲论文的审稿周期，自己拉长了审稿时间。

第3点：“1个月”投稿定律。虽然一些期刊要求在他们未给出退稿通知前，不让我们另投其他期刊，但是很多期刊的审稿效率真是不敢恭维，只是在僧多粥少的今天，我们也很无奈。“1个月”投稿定律就是为此而生——期刊如果想用我们的论文，基本一个月就能有一个结果。如果一个月我们还没有收到邮件回复（指的是邮箱投稿）或一个月了投稿系统还显示稿件处于收稿或初审的状态，那我们就可以遵循1个月投稿定律，考虑转投他期刊了。除非有的期刊明确规定了审稿时间，在该时间内不能转投，比如两个月、三个月、半年……当然，如果我们使用系统投稿，且能看到稿子进入了外审环节，这时“1个月”定律就视情况而定了。

后　记

历经半年多的撰写，不知道熬了多少个通宵，2021年“十一”假期最后冲刺，我终于如期完成了这本书的初稿。秋季学期教学任务繁重，初稿改改停停，一直未能顺利完成终稿。2021年12月中，西安暴发疫情，我历经了两次居家隔离，前后持续41天，终于完成了这本书的修改与完善工作。这本《即学即用经管论文写作技巧与发表指引》包含了我10多年学术论文写作与发表经验和5年多学术论文写作辅导与教学经验。除以科研人员视角展开书稿的撰写外，我还以一名期刊编辑及审稿专家的视角来解读经管论文写作与发表。这就使得本书更能贴近科研人员的需求，也能匹配期刊与审稿专家的要求。

经管论文写作与发表是一个系统的知识体系，需要了解与掌握经管论文相关的很多基础知识，更需要掌握论文选题、撰写、投稿、修改的很多知识乃至积累自己的学术人脉与资源的技巧。其中很多都是可以模仿与复制的，但很多内容如果你没有接触，就容易忽略，进而会不停地遭受各种挫折。所有经管论文写作知识、学术研究经验、论文撰写与发表技巧我都将在这本书里全部分享出来。正因为我深知“三无小白”学术研究之苦，所以期望通过撰写这本书，能将经管论文写作与发表中的经验、信息及技巧，毫无保留地分享给大家，以期能帮助更多的“三无小白”科研朋友们尽快成长，早日实现自己的学术目标。

回顾过往20年，几多酸楚几多甜，一朝踏入科研路，其中辛苦唯自知。回想20多年前我初入大学校园，受诸多恩师影响，一个懵懂少年暗自立下了大学教师的职业目标。春去秋来，寒冬酷暑，研究生备考经历我至今仍记忆犹新。世事难料，造化弄人，我本科毕业后却一头扎进了企业，唯有教师梦偶尔涌上心头。就是这个目标，在工作多年后支撑了我读研、读博，后来几经辗转，四处奔波，最后落脚古都西安。

而立之年，我开启读博新阶段。我在一个陌生城市，放弃不错的年薪与职业，毅然全职读博，也许是内心不安分的因素作祟，不停折腾，或许是自己骨子里天生不怕困难。一入博士深似海，独唯远志暗香来。35岁一道坎，很多高校招聘青年教师设置了不超过35岁的硬性条件，加之养家糊口的压力，我就无法如大多数学生一般享受校园生活。完成学业，完成导师课题，完成毕业条件，还要兼职赚钱，多种角色同时伴随着我坚持了三年的读博。感恩导师并未安排给我太多的课题任务，也感恩兼职企业安排了一间独立办公室，让我工作之余能专心学习、专注科研。三年三篇C刊论文，对于远离学校多年且又缺乏系统学术训练的我来说是一个很难完成的任务。内心的不服输，尽早实现多年前的目标的信念激励着我抓住任何机会、任何时间来学习论文写作。经过三年辛苦学习与刻苦钻研，我终于如愿以偿以优秀的成绩获得了博士学位。

人大经管论坛、小木虫、万维书刊、不同的科研及期刊QQ群，一有时间我都会习惯性地浏览与参与。如何下载文献、阅读文献，从零开始；如何确定选题，如何撰写论文，从零开始；如何投稿，如何修改，如何与期刊编辑及审稿专家交流，同样从零开始。一路走来，跳过无数“坑”，每次想放弃时，又不忍前功尽弃。于是唯有不停学习，不停撰写，不停投稿，不停被拒，不停修改，已经忘却经历了多少个来回。好在我是一个热爱思考的人，做一个有心人实则是对自己负责。每次挫折都成为自己爬起前行的动力，从闭门造车到不停地汲取网络中各种科研攻略与经验，也感恩遇到一群科研伙伴，彼此鼓励、互相帮助，逐渐从陌生人变成挚友。

在校外，偶遇老踏，一个同样乐于分享的人，一个让我佩服与欣赏的人；还有几个志同道合的科研挚友，也是一群乐于分享的人，一群让我佩服与欣赏的人。从“社科科研工作交流群”QQ群的义务科研讲座分享，到荔枝微课多个畅销科研课程，大家一起交流、一起分享，那是一段值得一生回忆的美好时光。我在分享的同时，也在不断地学习、积累与成长。忘记了具体时间，我与老踏一拍即合，作为主要发起人、主讲人之一，开始了老踏科研联盟、荔枝微课科研课程、科研辅导私训营等网络科研培训与辅导，尤其作为主理人筹办并组织了私训营前四期。后续因要准备出国访学及其他原因，两年后就未再参与其中。幸运的是自己关于学术论文写作与发表的素材、经验也在不断积累、细化与深化，并逐渐成形。在校内，于2017年的研究生学术研习堂，致力于研究生群体的学术论文写作培养与辅导，这成为我学术论文写作内容的校验场，再加上面向研究生开设的学术论文写作课程，我的学术论文写作知识体系不断进步与完善。

回顾这8年，我要感谢的人太多，感谢自己母校青岛大学、山东大学、长安大学与浙江大学，从本科、硕士、博士到博士后，我遇到太多的好老师、好导师、好同学，每个阶段总能给我最美好的回忆。感谢我曾工作过8年的富士康科技集团与九阳股份有限公司，有许多伴随我职业成长的好同事与好伙伴，锻炼了我时间管理与目标管理的能力。感谢西北政法大学，机缘巧合的相遇，一起走过6年，这里有很多帮助、关心我的领导、同事与朋友，感谢他们帮助我一年评上副教授、三年参评正教授。感谢曾邀请我做过报告、开过讲座的40多所高校，同行的认可激励我更加努力。感谢这些年来，我参加过的大大小小的学术会议、高端论坛及闭门交流会。感谢这些年来，我投稿过的几百家期刊，不管是录用还是退稿，都成为我学术生涯的宝贵经历与学术财富。感谢30多家期刊，邀我外稿与编审，这本书里一些内容就得益于这些编审经历与经验。在此我特别感谢浙江人民出版社编辑，这本书的成形与出版都离不开编辑锲而不舍的付出。初心不改，希望这本书能帮助更多如我一般的“三无科研小白”尽早实现心中的科研目标。此外，还要感谢这些年一路走来的科研挚友们，彪哥、老踏、恶人、木子姐、豫姐、兔兔姐、咕噜、崔公、长老、宝儿、大象，感谢过往科研培训活动的参训学员，许多人从陌生到熟悉再到好友。感谢参加研究生学术研习堂和学术论文写作课程的学生们，还有我的徒弟与后援团，更要感谢我的家人。啰啰唆唆不知所云，也许正因为这本书，帮助我系统梳理了过往的科研经历，这是一段美好的记忆。有志者事竟成，愿每一位“三无小白”都能成长为科研“牛人”。

张夏恒